Guangdong Tese Lyuyou Jiaoyu Yu
Lyuyou Mudidi Jingzhengli Yanjiu

广东特色旅游教育与旅游目的地竞争力研究

主　编　陈建斌
副主编　皮平凡　张　玲

本书受到广东省特色专业——旅游管理（粤高教函〔2010〕96）建设项目经费资助，是广东省特色专业——旅游管理专业建设项目及广东教育教学成果奖培育项目"协同机制下'三能两创'导向的旅游管理类专业实践育人模式探索与实践"的阶段性成果。

中山大学出版社
·广州·

版权所有 翻印必究

图书在版编目（CIP）数据

广东特色旅游教育与旅游目的地竞争力研究/陈建斌主编；皮平凡，张玲副主编．—广州：中山大学出版社，2016.6
ISBN 978-7-306-05713-6

Ⅰ．①广… Ⅱ．①陈… ②皮… ③张… Ⅲ．①旅游教育—研究—广东省 ②区域旅游—旅游市场—市场竞争—研究—广东省 Ⅳ．①F592.765

中国版本图书馆 CIP 数据核字（2016）第 123691 号

出 版 人：	徐　劲
策划编辑：	吕肖剑
责任编辑：	杨文泉
封面设计：	林绵华
责任校对：	王　璞
责任技编：	黄少伟
出版发行：	中山大学出版社
电　　话：	编辑部 020-84110283，84111997，84110779，84113349
	发行部 020-84111998，84111981，84111160
地　　址：	广州市新港西路135号
邮　　编：	510275　　传　真：020-84036565
网　　址：	http://www.zsup.com.cn　　E-mail：zdcbs@mail.sysu.edu.cn
印 刷 者：	虎彩印艺股份有限公司
规　　格：	787mm×1092mm　1/16　10 印张　223 千字
版次印次：	2016年6月第1版　2016年6月第1次印刷
定　　价：	32.00 元

如发现本书因印装质量影响阅读，请与出版社发行部联系调换

编委名单

组　长：唐晓春
成　员：陈建斌　陈　玲　胡　林　李　星
　　　　皮平凡　阎伍玖　袁亚忠　张　玲

序

在经济全球化和文化多元化发展的背景下,旅游产业作为国家战略性支柱产业,其拉动就业和再就业的功能受到国家高度重视。旅游人才需求随着旅游产业蓬勃发展态势愈发旺盛,成为决定旅游业核心竞争力的关键因素。因此,加强旅游教育、培育适应旅游市场需求的人才成为高校旅游管理专业关注的焦点。时值"十二五"规划向"十三五"规划转型时期,广东省面临全面深化改革转型升级机遇,如何把握国务院出台《关于促进旅游业改革发展的若干意见》31号文这一重大契机及教育部《普通高等学校本科专业目录(2012)》将旅游管理专业目录调整为一级大类学科专业平台的机遇,是广东省旅游教育培育优秀旅游管理人才必须思考的问题。

作为省级特色专业,广东财经大学旅游管理专业以"协同创新、质量引领"为教学理念,以"科学研究、教书育人、产业创新"三位一体为主的旅游教育育人模式,对"三能两创"的实践育人模式进行了有益的探索,依托国家级、省部级的科研项目,成功培养出了具有创新力的旅游科研人才、旅游应用型人才和旅游技能型人才。

在深化改革的浪潮中,中国旅游业发展态势良好,希望广东财经大学旅游管理专业,在教书育人中不断探索前进,力争早日建设成为国家级特色专业。

马勇 教授/博导
教育部旅游管理教学指导委员会 副主任
中组部国家"万人计划"教学名师
教育部旅游管理国家级特色专业建设点首席教授
2016年3月20日

目录

上编 "三能两创"教研成果选编

"协同创新,科研立院,科研强院"的思考与实践
　　　　　　　　　　　　　　　　　　　　唐晓春　陈建斌 / 2
旅游管理类专业协同机制下"三能两创"导向的实践育人模式探索
　　与实践 陈建斌 / 9
协同创新视阈下的酒店管理本科专业实践教学体系研究
　　　　　　　　　　　　　　　　　　皮平凡　黄燕　肖璇 / 14
关于会展经济与管理专业建设的几点思考 袁亚忠 / 24
中外酒店管理本科专业人才培养方案比较研究 胡　林 / 29
酒店管理本科专业实践教学体系建设的探索 陈　玲 / 41
关于"旅游服务管理"课程教学的思考 关新华 / 47
关于旅游管理研究生培养模式的若干思考 张　思 / 53
我国经济新常态下旅游业发展的新态势和潜能分析 吴开军 / 58
新常态下旅游管理研究生职业规划教育的对策研究 傅海英 / 68

下编 "三能两创"学生科研成果选编

珠海市旅游形象影响因素分析 陈玉培 / 74

顾客价值共创程度的影响机制研究 叶永青 / 90

丹霞山景区居民的旅游影响感知分析 黎坤仪 / 102

基于投入产出模型的旅游业与农业产业关联分析
　　——以浙江省为例 司有山 / 124

旅游创意园区的发展研究
　　——以清明上河园为例 张　薇 / 138

后记 / 148

上编

"三能两创"教研成果选编

"协同创新,科研立院,科研强院"的思考与实践

唐晓春　陈建斌

摘　要：广东财经大学地理与旅游学院2013年成立以来,以"协同创新,科研立院,科研强院"为指导思想,在科学研究方面取得了一定的成绩,本文对此进行了初步的总结。

关键词：科研立院；科研强院；协同创新

科学研究是高等学校四个职能之一,是高等学校培养人才职能的基础,是高等学校社会服务的理论根源,是高等学校创造、传承文化的重要内容。地理与旅游学院涵盖地理学、旅游类两个学科,2013年建院以来一直坚持"科研立院、科研强院"的指导思想,在协同创新的目标导引下,取得了不俗的成绩：

地理与旅游学院建院以来,共成功立项国家社科项目2项、国家自科项目2项,形成了国家级项目年年有立项资助的良好局面详（详见表1）；省部级以上项目共28项,"十二五"期间各级各类项目合同经费507万元。"十二五"期间,地理与旅游学院发表B类以上期刊论文25篇,其中A类2篇；著作及教材16部,其中专著6部（详见表2）。

地理与旅游学院在科学研究方面取得这些成绩,离不开党的各级领导和广大教职工的支持和努力,也和地理与旅游学院领导班子"科研立院、科研强院、协同创新"的指导思想分不开。地理与旅游学院成立以来,坚持教学与科研的协同发展,坚持"科研立院、科研兴院"的指导思想,高度重视科研在学科建设与专业建设中的战略地位,形成了科研与教学互相促进、共同发展的良好格局。

1　地理与旅游学院的科研特色初显

1.1　教学科研协同发展、产学研协同发展

地理科学与旅游管理皆为教育部2012年公布的专业指导目录中的一级大类专业。建院伊始,地理与旅游学院就树立了学科协同的指导思想。同时,坚持教学与科研的协同、本科教学与研究生培养的协同、产学研的协同、境内外的协同。

学科协同的成果有三,其一是在旅游管理研究生培养方案中,由GIS博士、两项国家课题主持者杨青生副教授为课程负责人,张亦汉博士、乔纪纲博士参加组成"旅游规划与制图"课程团队,把本科教育、研究生培养、学生科研有机

地结合起来，实现学科协同、本科与研究生的协同、科研与教学的协同，收到了良好的效果。其二是王芳博士主持的"海洋保护区生态旅游发展的社区参与适宜性评价模型研究"、张玲博士主持的"微观空间尺度下的会展旅游产业集聚形成机理与演进研究——以广州为例"、吴开军博士主持的"基于'竞合'联盟视角的两岸四地跨区域旅游业协同发展研究——以会展旅游为例"（见表2）等教育部人文社科项目，分别实现了学科之间、不同专业之间的协同与融合。其三是皮平凡副教授主持的国家社科项目"我国旅游目的地竞争优势比较研究"与广东省特色专业旅游管理专业建设的有机协同，提高了旅游管理专业毕业生的培养质量，扭转了地理与旅游学院成立前几年旅游管理类专业优秀毕业论文率为零的局面，有关成果汇集于《广东特色旅游教育与区域旅游竞争力研究》，2015年9月，广东省特色专业旅游管理专业顺利通过验收。

1.2 初步形成了珠三角城市化、区域旅游竞争力、粤港澳一体化、GIS等成果较为集中的研究领域

在珠三角城市化方向方面，初步有珠三角城际交通、土地集约利用、产业制度研究、海水入侵及围海造田等环境影响的研究等。

区域旅游竞争力包括在研的"我国旅游目的地竞争优势比较研究"、"基于'竞合'联盟视角的两岸四地跨区域旅游业协同发展研究——以会展旅游为例"、"'十二五'广东旅游业发展对目的地居民幸福感知影响力的实证研究"及已经结项的"微观空间尺度下的会展旅游产业集聚形成机理与演进研究——以广州为例"等课题，形成了较为集中的区域旅游竞争力方向。

2 主要经验

地理与旅游学院在科研方面取得了一些成绩，主要有以下几点经验：

2.1 领导班子重视、指导思想明确是科研的保证

地理与旅游学院领导班子一直重视科研在学院的战略地位与作用，坚持"科研立院、科研兴院"的指导思想，坚持学科协同、科研与教学协同、产学研协同、境内境外协同的实现路径，为地理与旅游学院科研工作的健康进行提供了良好的微环境。

2.2 持续进行制度建设，倡导追求高水平科研的导向

自地理与旅游学院成立以来，学院策划与组织了以"学一流大师，创一流佳

绩"的学术系统讲座，分别邀请长江学者、南京大学地理与海洋科学学院院长高抒教授、中国地理学会旅游地理专业委员会主任南京大学张捷教授，"新世纪百千万人才工程"国家级人选、中国地理学会旅游地理专业委员会副主任委员安徽师范大学陆林教授，佛罗里达国际大学的赵金林教授来学院讲学，同时结合广东省级特色专业的建设，出台了奖励高质量论文的制度，在绩效工资奖励时，对高质量论文、省级以上科研课题、学校奖励的科研专著予以奖励，通过一系列措施，营造了地理与旅游学院科研工作的良好外部微环境。

2.3 以广东省的社会经济建设问题为导向，做好科研规划

地理与旅游学院甫一成立，地理与旅游学院就分别组织旅游与地理学科的教师讨论学院科研的研究方向。配合我校的广东省优势重点学科工商管理一级学科旅游管理研究方向的建设及"四重建设"，分别出台地理与旅游学院旅游管理学科 2015—2020 规划、旅游管理学科"四重建设"规划等。凝练方向，组织人才，以之作为人事、教学、科研工作的根据之一，保障了学院科研工作的开展。如李涛博士在刚引进的第一年内分别获得国家自然科学基金青年项目与广东省自然科学基金项目立项，关新华博士在引进的第一年内就成功获得广东省自然科学基金立项资助。陈建斌、施国新老师于 2014 年顺利获得博士学位，陈建斌博士在博士毕业的当年出版专著 1 部、获得国际会议论文奖 1 次。

2.4 组好团队，围绕规划方向积极申报

在科研规划的基础上，每到年初各级、各类科研项目申报旺季，地理与旅游学院就积极动员教师围绕规划方向进行课题申报，2014 年组织 10 个团队申报国家自然科学基金项目，占全校申报总数的 2/9，最终李涛博士获得国家自然科学基金青年项目的资助。

2.5 加强学术交流常态化，保证学术研究力量持续的培养与潜能的积聚

自地理与旅游学院成立以来，学院领导班子对学院科研力量的长期稳定的增长高度重视。为了在财务打好基础，学院就从有限的教学科研辅助经费中抽出人年均 1000 元的学术交流资助额度，以保证教师至少三年一次的学术交流活动，对课题经费不足的老师提供较为稳定的学术交流的机会。两年半以来，已经有十余人利用学院提供的经费进行了学术交流。

2.6 针对科学研究方法和技术提升，对骨干教师进行结构方程的培训

研究方法与技术日新月异，地理与旅游学院在2015年组织部分科研骨干教师参加了结构方程的培训。此次培训必将促进学院骨干教师科研能力与水平的提高，受训教师之一在接受培训后获得了广东省高校重点平台和重大项目成功立项。

3 地理与旅游学院科研存在的主要问题及改进思路

"十二五"以来，特别地理与旅游学院成立以来，科学研究取得了一些成绩，但也存在一些问题，包括：
（1）各级科研团队申报尚未实现零的突破。
（2）科研方向初步形成，但具有特色和突出优势的科研方向还没有形成。
（3）高水平科研研究还相当缺乏。

地理与旅游学院在以后的科研管理工作中，将继续贯彻"科研立院、科研强院"的指导思想，遵循学科发展规律，紧紧围绕国家和广东省社会经济发展的热点、学科发展的难点问题，围绕广东省特别是珠江三角洲城市化、粤港澳合作与一体化、自贸区发展、区域旅游竞争力、一带一路等问题，努力形成在广东省有相对竞争力、在全国有相当影响的科研力量。

表1 地理与旅游学院"十二五"期间获得立项资助项目一览

项目名称	负责人	项目级别	项目年度	项目分类
基于城际快速交通的城市区域网络响应与机理研究：以珠江三角洲为例	李涛	国家级	2015	国家自然科学基金
美国经济周期对中国经济的阶段性非对称传导及应对策略研究	李星	国家级	2014	国家社科基金项目
基于空间差异化的人口城镇化和土地城镇化耦合协调发展路径研究	杨青生	国家级	2014	国家社科基金项目
基于元胞自动机和数据同化的溢油模拟	张亦汉	国家级	2013	国家自然科学基金
空间资源配置效率与产业转型升级技术研究——以广东省为例	李涛	省部级	2014	广东省软科学研究项目

（续上表）

项目名称	负责人	项目级别	项目年度	项目分类
喀什老城景区旅游服务体系的构建	黄燕	省部级	2014	广东省科技计划项目
经济绩效提升和环境改善双重目标下工业最优环境规制强度的选择研究	李玲	省部级	2014	广东省自然科学基金项目
客户知识分享的影响因素与作用研究——以高接触服务行业为例	关新华	省部级	2014	广东省自然科学基金项目
复杂环境下 LiDAR 地物分类的不确定性控制	乔纪纲	省部级	2014	广东省自然科学基金项目
广东省城市体系演变及其结构效益研究	叶浩	省部级	2014	广东省哲学社会科学规划项目
环境压力和经济发展双重约束下制造业最优环境规制强度的选择研究	李玲	省部级	2014	教育部人文社科研究项目
海洋保护区生态旅游发展的社区参与适宜性评价模型研究	王芳	省部级	2014	教育部人文社科研究项目
构建国民休闲与生活教育体系的理论与实践路径研究	秦学	省部级	2013	广东省哲学社会科学规划项目
广东省围填海现状及其环境响应研究	谢丽	省部级	2013	广东省自然科学基金项目
基于元胞自动机的溢油时空模拟研究	张亦汉	省部级	2013	广东省自然科学基金项目
制度视角下的工业升级影响因素研究	刘艳艳	省部级	2013	广东省自然科学基金项目
中美经济周期协动与美国经济周期阶段非对称性传导研究	李星	省部级	2013	教育部人文社科研究项目
可持续竞争力视角的企业组织健康研究	袁亚忠	省部级	2012	广东省哲学社会科学规划项目
中美经济周期协动性及美国周期阶段非对称性传导研究	李星	省部级	2012	广东省自然科学基金项目
"十二五"广东旅游业发展对目的地居民幸福感知影响力的实证研究	胡林	省部级	2011	广东省哲学社会科学规划项目

（续上表）

项目名称	负责人	项目级别	项目年度	项目分类
微观空间尺度下的会展旅游产业集聚形成机理与演进研究——以广州为例	张玲	省部级	2012	教育部人文社科研究项目
基于"竞合"联盟视角的两岸四地跨区域旅游业协同发展研究——以会展旅游为例	吴开军	省部级	2011	教育部人文社科研究项目
基于智能计算的复杂地表LiDAR信息自动提取	乔纪纲	省部级	2011	广东省自然科学基金项目
海水入侵对珠三角地区地下水及土壤盐渍化影响的同位素示踪研究	魏秀国	省部级	2011	广东省科技计划项目
城市会展旅游形象市场影响重要因子系统研究——以广州、澳门为例	陈建斌	省部级	2016	广东省自然科学基金项目
古村落游客感知价值、游客满意与行为倾向的关系研究——以广东省为例	张玲	省部级	2016	广东省自然科学基金项目
中国（广东）自由贸易实验区与港澳深度合作的制度创新机制研究	陈德宁	省部级	2016	广东省自然科学基金项目
粤东榕江流域土地利用变化条件下营养盐输送研究	谢丽纯	省部级	2016	广东省自然科学基金项目

表2 地理与旅游学院"十二五"期间出版著作（教材）一览

著作名称	第一作者	出版单位	出版时间	著作类别	总字数（万字）
广东特色旅游教育与区域旅游竞争力研究	陈建斌	中山大学出版社	2015年3月14日	编著	35
Research on Factors Influencing Urban Tourism Image	陈建斌	Scholars Press	2014年12月14日	专著	21
和谐文明视域下休闲文化与生活风尚建设：理论与实践	秦学	科学出版社	2013年12月20日	专著	32.6
资源环境与可持续发展	阎伍玖	经济科学出版社	2013年5月30日	教材	66
"华信经管创新系列旅游管理"教材《旅游经济学》	秦学	电子工业出版社	2013年4月30日	教材	46.7

(续上表)

著作名称	第一作者	出版单位	出版时间	著作类别	总字数（万字）
基于产业链视角的会展企业和旅游企业战略联盟研究	吴开军	江西人民出版社	2013年3月22日	专著	16
广东地质新论	李春生	地质出版社	2012年10月7日	专著	140
当代中国生态文明之路	陈德宁	科学出版社	2012年10月1日	专著	1
邱浚	吴建华	广东人民出版社	2012年10月1日	专著	5.1
会展英语口语教程	吴建华	世界图书出版公司	2012年10月1日	教材	28
酒店服务质量与顾客忠诚——基于消费者行为决策的实证研究	袁亚忠	经济科学出版社	2012年3月30日	专著	21
冯子才	吴建华	广东人民出版社	2011年12月1日	专著	4.7
美国经济周期对中国经济周期的影响	李星	厦门大学出版社	2011年6月15日	专著	18
酒店客房实用英语口语教程	肖璇	世界图书出版公司	2011年1月1日	教材	16
酒店基础英语口语教程	肖璇	世界图书出版公司	2011年1月1日	教材	28
酒店前台实用英语口语教程	肖璇	世界图书出版公司	2011年1月1日	教材	25

Thinking and Practice on "Synergy-for-Innovation Oriented Scientific Research for Powerful Faculty" —Taking School of Geography& Tourism as Example

Tang Xiaochun Chen Jianbin

Abstract: Since the foundation of School of Geography & Tourism, the strategy of "Synergy-for-Innovation Oriented Scientific Research for Competitive Faculty" has been carried out and some achievements have been reached, the authors summed up the concerned experience.

Key words: Synergy for innovation; power of scientific research of faculty; scientific research for powerful faculty

旅游管理类专业协同机制下"三能两创"导向的实践育人模式探索与实践

陈建斌

摘　要：本文以广东财经大学旅游管理类专业为例，对旅游管理类专业"三能两创"实践育人模式的探索与实践进行了思考与总结。

关键词：旅游管理；三能两创；广东财经大学

在高等教育国际化、市场化、大众化的背景下，如何解决旅游管理类专业理论很泛而实践应用面不宽、旅游管理类本科毕业生就业定位不明、竞争能力不强、就业期望与实践差距大成为全国旅游管理类本科专业普遍存在的问题。一地两府、旅游业蓬勃发展的广东直面高等教育市场的国际竞争，在地缘上有旅游高等教育创新的优势。广东财经大学旅游管理省级特色专业已经进行了五年的建设与实践，对如何处理国际化与本土化、政府指导与市场需求、学术训练与职业习惯养成、大众化与精英教育的关系进行了一系列的实践，需要对五年来的教学改革与建设实践进行总结，有利于广东旅游管理类高等教育质量的提高，也对全国旅游管理类本科教育教学改革与质量的提高有一定的启示。

1　旅游管理高等教育现状分析

2001年，中国恢复世界贸易组织成员地位；2013年，全国高校在校生达到3460万人，中国高等教育进入大众化阶段。学术训练与就业导向的矛盾在中国旅游高等教育界一直是一个争议的话题，而旅游高等教育一直受到市场的批评与质疑。在中国旅游高等教育的实践中，一直存在着学术训练与职业培训的分离、国际化理论与本土化实践的分离、大众化教育背景下人才培养质量的下滑、重知识传授轻能力培养的缺陷。要在根本上解决上述问题，需要对旅游管理类高等教育模式进行综合性的改革。

2　广东财经大学旅游管理类专业"三能两创"实践育人模式的改革思路

1994年开始招收旅游管理本科生以来，特别是2010年开始广东省级特色专业建设以来，广东财经大学以创新、创业能力培养为导向，以操作能力、管理能力、研究能力培养为基础，以国际与国内、校内与校外、学术训练与职业训练、官学产研四位一体的四大协同为机制，探索"三层次四阶段"的旅游高等教育育人模式，取得比较丰硕的研究成果和实践成果。

2.1 广东财经大学已具备的教学改革基础和环境

1994年我校开始招收旅游管理本科生；2006年，我校是全国最早4家进行会展经济与管理本科培养的普通高校；2007年，我校是全国第一个开始酒店管理本科生培养的高校；培养人才模式创新一直是旅游管理类专业研究与努力的方向，2008年，学校就立项研究旅游管理专业创新人才培养课程体系；2010年，我校开始旅游管理省级特色专业建设以来，以创新创业为导向，以操作技能、管理技能、研究技能三能人才培养模式为改革主基调，并沿着实验实践教学改革、全员全面育人体系构建、教学信息化和学生高素质培育三条主线开展旅游管理类"三能两创"型人才培养模式改革，取得丰硕的研究和实践成果，为旅游管理类"三能两创"型人才培养模式的深化改革奠定了坚实的基础。

学校支持旅游管理类"三能两创型"人才培养模式改革的政策比较完善、经费及其使用管理机制健全、保障条件完备。

3 广东财经大学"三能两创"旅游管理类专业实践育人模式改革的实践内容、改革实践目标和拟解决的关键问题

3.1 具体改革实践内容

在教育教学理念上，探索与总结"三能两创"导向的理念，即培养"创新能力强、创业基础好"的人才为目标；在育人环境与机制的设计上，探索与总结"国际国内协同、校内校外协同、学术训练与职业培训的协同、官产学研协同"的协同机制与育人环境设计；在实践能力设计上，探索与总结"三层次四阶段三能培养"的实践育人模式，即行业调研及报告，专业实习、报告及学年论文，毕业实习及毕业论文三个层次，四个阶段是在专业实习部分分两个阶段，对服务意识及服务技能两个阶段的实习。"三能培养"指在操作能力、管理能力、研究能力的培养。

在"三能两创"导向下，旅游管理类人才培养要实现要在"六双"实现实践育人模式的改革，即师生教学互动的双全制、教师授课的双语法、实践教学资

源的双实化、师资能力结构的双师型、学生实践活动的三能两创导向、毕业论文写作参考文献的双语化（见图1）。

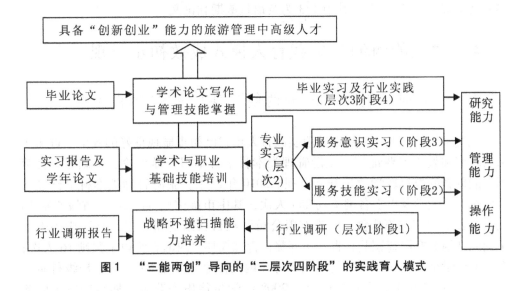

图1 "三能两创"导向的"三层次四阶段"的实践育人模式

3.2 改革实践目标

通过改革实践，以广东省特色旅游管理专业建设成果为核心依托项目，探索协同机制下三能培养为基础的、创新创业导向的、四协同为机制的"三层次四阶段"的实践模式，为旅游管理类本科育人模式提供一种新的范式，也对管理类本科生的培养有启示作用。

3.3 协同机制下以"创新创业"导向的旅游管理类专业改革方案的具体措施

（1）实行师生教学互动的双全制：全员导师制就是旅游管理类所有专业教师都担任本科生导师，全面就是导师对学生进行学术及职业方面的全面的引导、辅导和教导。

（2）实践教师授课的双语法：有条件的教师进行双语教学。

（3）实践教学资源的双实化：教学资源的实景化、教学环节的实践化（也可以说是学生的专业实习要参加校内实训、校外实践两个环境的锻炼与实践）。

（4）推动师资能力结构的双创型：旅游管理类教师在学术研究方面规范、创新、与实践行业有密切的联系与接触，有创新性策划与指导。

（5）学生实践活动的三能两创导向：通过核心课程打好创造创业的基础、

通过各种竞赛进行创新创业能力的培养。

（6）学生毕业论文写作参考文献的双语化：旅游管理类专业学士学位论文参考文献应在30篇左右，其中1/3为英语权威期刊论文。

4 "三能两创"实践育人模式成效初步显现

4.1 协同机制下"三能两创"实践教学效果显著

经过多年的实践，三层四阶段实践育人模式已初步显现良好的效果。近4年来的教育和教学实践证明，旅游管理类本科生善学习、懂理论、基础好、会策划、能创新的教育教学效果开始显现。2010年以来，旅游管理类本科生已经获得广东财经大学及以上各类奖励263人次，其中市级奖励34人次、省级奖励16人次，其中"广东德味食品股份有限公司"项目获第七届"挑战杯"中国大学生创业计划竞赛国赛铜奖、省赛一等奖；含挑战杯以内的省级以上奖励16人次；含国家助学金、全国大学生英语竞赛等在内的国家级奖励77人次；校级科研立项30人次；2010年，旅游管理专业2008级学生徐田海获第二届全国电子商务"创新、创意及创业"挑战赛省赛一等奖。2014年，旅游管理专业2010级学生吕良杰、2011级郭心怡分别获得"美国数学建模大赛一等奖"；2013年，酒店管理专业的3名学生在广东省旅游局主办的"广东省首届酒店职业英语口语大赛"中获学生个人三等奖2名（莫丽莹、何晓童）、团体三等奖。

4.2 社会认同度高

广东财经大学旅游管理类专业协同机制下"三能两创导向"实践教学改革以来，获得社会各界的认同。2002—2009年以来，项目组负责人陈建斌副教授一直担任广东省中国旅行社集团培训教师及广东省旅游局旅行社经理资格认证授课教师；肖璇老师获得2009年度广东省旅游局教育与培训先进个人；2014年12月，陈建斌副教授接受澳门城市大学聘请担任旅游管理博士生导师。我院培养的毕业生一直备受对口行业单位的青睐，广之旅、广东中旅、万达深圳国旅、马尔代夫首都旅行社等知名旅行社每年都到我院定点招聘旅游管理专业毕业生。

"Three Abilities and Innovation-Entrepreneurship" Oriented Exploration and Practice on Tourism Management Talents Culturing under Synergy Mechanism

Chen Jianbin

Abstract: Taking Guangdong University of Finance& Economy for example, the author thinks and summarizes the practice and exploration of "Three Abilities and Innovation-Entrepreneurship" on Tourism Management Talents culturing under synergy mechanism.

Key words: Tourism management; Three Abilities and Innovation-Entrepreneurship; Guangdong University of Finance &Economics

协同创新视阈下的酒店管理本科专业实践教学体系研究

皮平凡　黄燕　肖璇

摘　要：本研究以酒店管理本科专业为研究对象，酒店管理专业实践教学体系为研究目标，以协同创新理念为指导理论，构建了酒店管理本科专业实践教学体系主要构架和核心内容，提出酒店管理实践教学体系重在强调专业实践教学过程中校企协同合作、职业经理人目标、学生职业素养养成、实践教学及基地建设等关键点。

关键词：协同创新；酒店管理；实践教学体系

所谓协同创新是继协同制造基础上的新范式，是一种更为复杂的新型组织形式，其主要以高校、科研机构、企业为核心构成要素，以政府、中介机构、金融部门、非营利性组织机构等为辅助要素的多元化主体间高度的资源整合与共享，深度的沟通与合作，发挥整合后的最大非线性效用[1]。本文研究试图以协同创新理念为核心，结合旅游业发展的需要和旅游高等教育发展的要求，提出构建基于协同创新理念的高校酒店管理本科专业实践教学体系，以利于更好地发挥校企等多方的协同作用，培养学生的创新能力、综合职业素养，以达到提升我国酒店管理本科专业人才培养质量的目标。

1　构建酒店管理本科专业实践教学体系必要性及原则

1.1　构建酒店管理本科专业实践教学体系的必要性

1.1.1. 酒店管理专业实践教学发展的需要

作为旅游学科的三大支柱专业之一的酒店管理专业，由于其应用性和实践性较强的特点，因而实践教学对酒店管理专业教学质量的提升具有重要价值。近年来，酒店管理本科专业实践教学研究受到了旅游院校广泛关注，现有研究主要聚焦于实践教学模式、实践教学体系等方面，但是现有实践教学模式等诸多理论难以解决旅游教育与行业发展的突出矛盾，尤其对本科学生实践教学缺乏明确的认知，一种就是复制现有高职高专的模式，另一种复制理论性人才培养模式，难以

---

* 基金项目：2014年度广东省高等教育改革综合类项目（项目编号 GDJG20141156）。

符合旅游业对酒店管理本科专业人才的发展要求。酒店管理本科专业实践教学的发展需要创新教育理念，需要培养符合现代酒店业和市场发展需要的专业人才。酒店管理本科专业实践教学体系应基于协同创新理念，建立创新型教学体系和实践教学体系，紧跟酒店行业的发展要求，确立培养酒店管理本科专业人才"职业经理人"的合理目标，加强学生专业实践能力等综合职业能力的培养，为酒店业培养具有较高职业素养的管理专业人才[2]。

1.1.2 酒店管理专业可持续发展的需要

旅游业作为我国的朝阳产业，伴随着旅游业蓬勃发展而兴起的旅游高等教育，其发展相对于其他传统学科而言，仍处于发展初期阶段，理论基础相对较为薄弱，教学资源相对不足，专业软硬实力建设有待于进一步完善。酒店管理本科专业在发展中出现了诸多弊端和问题，都有待旅游院校和酒店从业者发现与解决，酒店管理本科专业如何可持续健康发展是所有旅游院校及酒店行业人士需要关注的问题。酒店管理专业的可持续发展需要科学理论指导，酒店管理专业自身又具有鲜明的学科特点，实践教学是其教育的关键，影响酒店管理本科专业人才培养质量，因此，建立酒店管理本科专业科学化实践教学体系，是酒店管理专业可持续发展的要求。

1.2 酒店管理本科专业实践教学体系的构建原则

1.2.1 协同创新原则

酒店管理本科专业实践教学体系的构建首先要遵循协同创新原则，一方面，酒店管理本科专业实践教学体系的构建基础是基于协同创新理念；另一方面，实践教学体系的各环节、各层次的实践教学活动的开展离不开协同创新的科学方法。酒店管理本科专业实践教学的各环节只有在多方协同的作用下才能够实现实践教学模式和实践教学体系的创新。协同创新是酒店管理本科专业实践教学体系构建的核心理念，是酒店管理专业深化校企协同，旅游类专业内部协同等多方协作的重要方式，同时也是构建酒店管理本科专业实践教学体系的基本原则。

1.2.2 实践教学环节连贯性原则

酒店管理本科专业实践教学体系应重视实践教学各环节的连贯性和整体性。实践教学活动包括课堂实践、酒店实验课程、专业实训、校外实景教学、毕业实习等诸多环节，实践教学活动贯穿于酒店管理本科专业教学过程的始终，并将各环节实践教学活动的开展制定统一而完整的教学目标、教学内容和教学计划，形成环环相扣的实践教学体系。构建酒店管理专业实践教学体系，突破传统实践教学体系缺乏完整性和连贯性的弊端，强调实践教学内容的综合效用和整体性，进一步完善了酒店管理专业实践教学体系。

1.2.3 酒店行业职业素养养成原则

酒店管理专业具有较强实践性和应用性的学科特点，决定了酒店管理本科专业的人才培养目标应该实现酒店专业人才的职业养成及综合素质的提高。酒店管理本科专业的绝大部分人才未来主要服务于各类酒店及相关服务企业，职业素养对于未来的职业前景具有重要的影响和作用。实践教学体系是提升酒店管理专业人才综合职业能力养成的重要途径。

1.2.4 以社会需求和旅游市场需求为导向的原则

酒店管理本科专业实践教学体系的构建坚持以社会需求和旅游市场需求为导向的原则。酒店管理专业人才的培养主要服务于旅游业及相关服务性行业，随着旅游业的快速发展和旅游市场对于人才的发展要求，旅游高等教育人才培养需要与时俱进，符合行业和市场的发展需求，实现酒店管理专业人力资源的充分利用。酒店管理专业实践教学体系的构建，就是为了培养更为符合现代旅游业发展需要的高素质酒店专业人才，培养具有较强实践能力和综合职业素养，缩短酒店企业对于管理人才的要求与现有学生的职业能力差距，缓和旅游高等教育人才的供求矛盾问题，推动酒店管理本科专业人才的"职业经理人目标"，实现酒店管理本科专业的可持续发展。

2 基于协同创新理念的酒店管理本科专业实践教学体系的建立

2.1 酒店管理专业实践教学体系的构建目标

酒店管理本科专业"职业经理人目标"是指学生在专业学习之后到酒店企业就业直接进入基层管理者，"职业经理人目标"的前提强调酒店管理本科专业学生在毕业时已具备酒店企业所需要的基本技能和职业综合能力，掌握扎实的理论基础，同时具备较高的实践操作能力，符合基层和中层管理者的职业能力要求，以及所需要具备的职业综合素养。酒店管理本科专业实践教学体系以"职业经理人"为目标，以协同创新教学理念为指导，突出实践教学环节连贯性和整体性，完善实践教学内容，积极培养学生综合职业能力，满足我国旅游业快速发展对人才的需求。

2.2 酒店管理专业实践教学体系的主要构架

酒店管理专业实践教学体系是以协同创新理念为指导，以实现学生"职业经理人"为目标，强调实践教学环节的连贯性和整体性，关注学生的实践操作能力等综合职业素养的培养，深化校企和同类专业合作，积极发挥旅游院校主导多方协作的科学实践教学体系。实践教学体系包含多方面内容，是相对完整的教学综合体，而酒店管理专业实践教学体系突出强调实践教学、职业能力养成、校企合作在实践教学过程中的重要作用，并以此为出发点和核心内容构建创新型酒店管理专业实践教学体系。酒店管理专业实践教学体系的主要构架可概括为"一点、一线、三维度、四层次"（见图1），其主要内涵为：

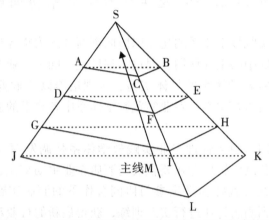

图1 基于协同创新理念的酒店管理本科专业实践教学体系框架＊

"一点"即S点——职业经理人；"一线"即直线MM——协同创新理念；"三维度"即△SJL——实践教学方式、△SLK——实践教学内容、△SJK——职业素养养成；"四层次"即S-△ABC——基础认知期、S-△DEF——关键训练期、S-△GHI——专业熟练期、S-△JKL——职业素养成熟期[3]。

"一点"（S点），是指酒店管理本科专业实践教学体系的最终目标即实现酒店管理专业学生的"职业经理人目标"；"一线"（主线MM），强调酒店管理专业实践教学体系的核心理念为协同创新理念，实践教学活动各环节和各层次的教学活动都离不开协同创新理念，并在此基础上逐渐深化实践教学活动的开展。

"三维度"（S-JKL），是指酒店管理本科专业实践教学体系突出强调的三大核心内容：实践教学内容、学生的职业能力养成、校企合作的深化，以三大核心

＊ 此框架参考沈阳师范大学杨慧同学硕士论文"基于协同创新理念的旅游管理专业立体化实践教学体系研"。

内容为出发点，构建酒店管理本科专业实践教学体系。酒店管理本科专业实践教学体系的"三维度"基于协同创新理念，突出强调实践教学内容、学生职业能力养成、校企合作方式的构建，从而形成科学完善具有较强实践价值和指导意义的实践教学体系。

"四层次"分别指图中S－△ABC、S－△DEF、S－△GHI、S－△JKL，意指酒店管理本科专业实践教学阶段，主要根据学生对实践教学的学习年限和学习程度划分为基础认知期、关键训练期、专业熟练期、职业素养成熟期等，各旅游院校可以结合自身的教学计划和特点对实践教学内容进行灵活调整，酒店管理本科专业实践教学体系既是科学的创新实践教学体系，同时又是不断丰富和完善的新型实践教学体系。

2.3 酒店管理本科专业实践教学体系协同解析

酒店管理专业实践教学体系的建立以协同创新理念为指导思想，强调旅游院校实践教学活动开展中的主导作用，通过实现校企、同类专业多方协同，深化酒店管理本科专业实践教学体系的具体实施，实现培养以"职业经理人"为目标的酒店专业人才。酒店管理本科专业实践教学体系中各要素的协同关系主要可概括为以下内容：

首先，校企协同。酒店管理专业实践教学体系强调发挥旅游院校的主导作用，各大旅游院校和酒店管理专业要积极与酒店企业主动交流，积极拓展实践教学相关项目，引导在校教师和学生参与协同合作下的酒店实践教学内容。一方面，定期输送教师到酒店行业进行实践训练，获得最新的行业动态和咨询，提高酒店管理专业教师的实践能力和实践教学水平，加强实践教学师资队伍建设。另一方面，要结合学生的职业能力发展需要，科学规划实践性课程，带领学生在校学习过程中参与到酒店企业以及相关旅游部门的实践中，让学生更多地参与专业实践，实现酒店管理本科专业实践教学活动开展的协同化。

其次，实践教学内容协同。实践教学内容是酒店管理专业实践教学体系的重要组成部分，主要包括实验、实习、实践、情景观摩等环节，每一环节并不是孤立存在的，酒店管理专业实践教学体系突出强调实践教学活动开展的统一性和连贯性，前者课程内容的选择与设计要为后者实践教学活动开展打好基础，并且每一环节教学任务的结束，需要进行科学合理的测评，从而进入下一环节的实践学习。因而，无论是实验、实践、观摩还是实习，各环节的链接点具有较强的协同性，协同创新理念贯穿于酒店管理本科专业实践教学体系的整个实践教学过程。国外酒店教育的经验表明：学生实践能力的培养不只是通过酒店实习这一种方式，而是将实习内容融入日常的课堂教学中，"洛桑旅馆学院与康奈尔大学酒店学院都是将实践能力的培养融入了日常的教学过程中，做到了理论与实践不相分离"[4]。我国酒店管理专业本科教学主要是"3+1"模式，即前三年是理论课程，第四年安排一定的实习时间或是论文准备时间（大约为半年）。在一定程度上学生并不适应这种学习方式的转变，另外实践与理论知识的相互结合性也比较差。

最后，学生职业能力养成协同。酒店管理本科专业实践教学重在培养学生的职业综合能力。实践教学体系为酒店管理本科专业学生确立了明确的职业能力培养目标，通过酒店管理专业实践教学活动的开展，根据不同学习阶段培养学生具备所需要的职业能力。职业能力培养过程同样也是协同的过程，不同的阶段与相应的实践教学内容相搭配，在完成每一阶段的教学任务后对学生的能力水平进行相应的测试，层层递进，逐步培养学生的综合能力，最终达到实现学生的"职业经理人"目标。

3 酒店管理专业实践教学体系的实施

3.1 确立科学的协同实践教学目标体系

3.1.1 确立明确的实践教学课程目标

酒店管理本科专业的实践课程内容是实践教学的重要内容，学生通过实践教学的具体课程的学习，完成实践教学活动，深化专业理论知识的学习。实践教学的课程目标具有整体性和统一性，其课程目标的确立需要针对学生的职业发展要求及学习的不同阶段确立不同层次的课程目标，培养学生具有较强的综合职业能力。实践教学课程目标的确立是实施酒店管理专业实践教学的具体要求，是完善酒店管理专业实践教学的基础和前提。

3.1.2 完善实践教学教材建设

酒店管理本科专业实践教学体系的实施需要具备完善的实践教学教材，科学规范的教材有利于教学活动的开展，提高教学质量，目前，酒店管理本科专业的实践教学教材资料非常缺乏，大多数专业教师凭借以往的教学经验和酒店管理专业理论课程的需要选择实践教学内容，实践教学缺乏成体系的系列化教材，教师的实践教学活动缺乏科学的指引和规范的蓝本，因此，建立基于协同创新理念下的酒店管理专业实践课程体系，实践教学教材的完善和重建势在必行。

3.1.3 设计实践教学课程内容

酒店管理专业实践教学体系的课程内容是开展实践的核心内容，酒店管理专业实践课程体系主要分为课堂专业实验课、校内外情景课程、专业实训课以及专业实习等实践教学内容，实践教学课程的实施具有统一性和完善的课程目标，各阶段的实践教学内容具有明确的评价标准，学生在完成本阶段的实践教学任务的基础上，通过考评机制达到要求后，进而进行下一阶段的实践教学活动。

3.2 建立一支与实践教学相匹配的师资队伍

酒店管理专业师资队伍的建设问题是保证酒店管理专业人才培养质量的关键要素和重要内容。针对现有酒店管理专业师资，应考虑学术型师资队伍和实践性师资的双轮驱动，至少建设部分实践教学师资队伍。首先，酒店管理专业要积极引进具有理论水平较高的酒店管理专业学术型人才，这些具有较高理论背景的专业人才经过了系统的酒店管理专业知识和理论的学习，并且在其学习期间通常都有过参加旅游企事业单位的实习或实践经验，其对酒店管理专业的认识和理解更为深入，有利于对酒店管理专业教学活动的开展，有利于提高学生的培养质量。其次，强化"双师型"师资队伍。随着旅游高等教育的不断发展，酒店管理专业的师资问题引起了高校与业界的关注，"双师型"教师得到高校与酒店行业的普遍认可。所谓"双师型"教师是指要求酒店管理专业的教师具备扎实理论基础又具有较强专业实践技能，这些教师通常需要具备酒店行业相关的职业资格证，才符合"双师型"教师的要求。而现有旅游院校真正意义上符合这一要求的在职教师并不多，大部分的酒店管理专业教师仍缺乏相应的实践经验，这就要求现有旅游院校要提升在职教师的专业实践能力，可以利用假期或者空余时间，积极与酒店沟通，鼓励酒店专业的从业教师到酒店去锻炼学习，这样既可以丰富教师的实践经验，同时为酒店管理专业的科研所需要的企业与社会调查提供更为广阔的机会，有利于酒店管理专业实践教学体系的发展与完善。

3.3 完善实践教学基地建设

3.3.1 强化校内和校外实践教学基地建设

酒店管理专业实践教学活动场所主要在校内和校外的实践教学基地，实践教学基地是开展旅游实践教学活动的重要平台，因此，实践教学基地的建设程度和完善程度对酒店实践教学具有重要的作用。酒店管理专业的实践教学基地主要包括校内和校外的实践教学基地。校内的实践教学基地主要是指校内实验室、校内专业实习场所等酒店管理专业实践教学场所，主要是为了深化学生对专业理论知识的学习；校外实践教学基地主要包括校外的酒店管理专业实践教学中心、酒店实践模拟以及相关酒店企业提供的实习岗位等实践教学场所，校外实践教学是学生职业能力培养的重要环节，学生通过校外实践教学基地的学习，进一步提高了专业实践操作能力，满足旅游业对酒店管理专业人才的发展要求，有利于学生未来的职业发展。

3.3.2 加强区域和跨地区实践教学中心建设与合作

实践教学基地的建设需要放宽视野，加强跨区域的合作，目前，我国开设酒店管理专业的院校不断增多，旅游院校要深化合作，取长补短，不断完善自身的实践教学基地建设。旅游院校应该发挥积极的主导作用，加强与具有较强旅游资源和实力雄厚的酒店的联系，特别是国际性著名酒店品牌的深度合作，进一步推进区域与跨区域间的酒店实践教学，完善酒店实践教学中心建设，为学生创造更为丰富的实践教学内容，提供更多的实践活动机会，为酒店实践教学活动的开展提供更为广阔的平台[5][6]。

3.3.3 构建国内和国外双向实习就业渠道

实习是酒店管理专业实践教学最为重要的关键环节，也是就业前完成的最后学习任务。目前，我国大部分旅游院校酒店管理专业学生在学业的最后一年，会被选派到相应的酒店企业进行顶岗实习，但主要的实习单位都是国内的五星级酒店。目前这种实习形式存在着许多问题，比如，缺乏专门的教师进行指导，职业认同感较低，实习后从业率较低等，这些都反映现有实践教学实习环节有待于进一步改进。因此，为提高酒店管理本科专业的人才培养质量，培养适应时代发展的国际性酒店管理专门人才，打造国内和国外的双向实习就业渠道是酒店管理专业发展的重要突破口，也是提高酒店管理专业学生实践能力，完善酒店管理专业实践教学，提高旅游高等教育质量和知名度的重要途径。

旅游院校要积极引入创新的教学理念，积极发展与国内外各大酒店企业的合作，选拔优秀的酒店管理专业学生到国外实习锻炼。目前，我国旅游院校中开展与国外旅游院校进行跨国学生交流的院校还不多，而且名额有限，留在国外酒店企业工作的学生更是凤毛麟角。但通过对这些具有交流经验学生的了解，他们在国外的学习和实践经历虽然较短，但大部分学生收获很大，既拓宽了视野又进一步了解了西方文化，且在一定程度上提高了语言能力，深化了对酒店管理专业的学习，对未来职业发展与规划有了新的目标和追求。因而，打造国内和国外双向实习就业渠道应该成为实现旅游高等教育质量提升的新方向。

3.4 深化校企协同合作

酒店管理专业具有较强的实践性，导致专业的建设和发展需要酒店企业等相关部门的支持，酒店管理专业人才培养离不开酒店企业。酒店管理专业实践教学是培养具有应用型和创新型实践性人才的重要教学内容，酒店实践教学活动的开展同样离不开校企合作。校企合作是酒店管理专业实践教学的重要方式，但是现有旅游院校校企合作在发展中存在一些问题，如合作流于形式，酒店企业对实习生缺乏系统性的教学和指导，校企合作形式单一，缺乏创新机制，酒店管理专业的实践教学质量有待进一步提高[7]。因此，完善校企合作对酒店管理专业实践教学具有重要的意义和作用。

酒店管理本科专业实践教学体系，应以协同创新理念为指导，深化产学研合作，建立校企协作的实践教学培养模式。首先，在校企合作过程中，旅游院校要发挥主导作用，积极加强与酒店业沟通，争取最大的行业资源支持，发挥自身最大优势，建立长期稳定的校外实践教学基地，保证实践教学的可持续开展。其次，深化校企人才交流。旅游院校可以选派优秀的酒店专业骨干教师定期到酒店企业展开阶段性考察学习，了解旅游行业的最新动态和酒店企业需求等；同时，酒店企业也可以将发展中遇到的问题反馈给旅游院校，使其充分利用旅游高校的人才资源开展实践性课题研究，为酒店解决实际问题，促进酒店业的健康快速发展[8]。此外，酒店管理本科专业实践教学体系强调校企协同合作，实践教学活动的开展不是单方的教学行为，由于专业的特点和行业的发展要求，酒店管理专业实践教学活动根据各阶段实践教学要求，开展不同程度的校企合作内容，基于协同创新的科学理念，深化校企协同合作是推动酒店管理专业发展的重要内容，同时也是保证酒店管理专业实践教学体系的可持续发展的重要途径。

参考文献

[1] 陈劲，阳银娟．协同创新的理论基础与内涵［J］．科学学研究，2012（2）：161-164．
[2] 皮平凡，黄燕，肖璇．基于职业经理人目标导向的酒店管理本科人才培养模式创新研究［J］．价值工程，2014（27）：267-270．
[3] 夏学英．旅游管理专业本科实践教学体系的构建［J］．沈阳师范大学学报：社会科学版，2010（06）：100-103．
[4] 刘伏英．洛桑模式对我国高校酒店管理专业教学的启示［J］．中国高教研究，2005（8）：77-80．
[5] 宋大为，王丹，周博．酒店管理专业横纵结合实践教学模式研究——以吉林工商学院旅游管理分院为例［J］．吉林工商学院学报，2012（1）：113-115．
[6] 韩宾娜，吕品晶．普通高等院校旅游教育实践教学之中外比较［J］．人文地理，2010（6）：154-157．
[7] 吴水田，陈平平．旅游高等教育校企合作中的"一一三"模式研究——以广州大学中法旅游学院为例［J］．旅游论坛，2009（04）：619-623．
[8] 谷慧敏．世界旅游饭店教育之美国篇［J］．饭店现代化，2005（03）：45-47．

Research on Practical Teaching System of Hospitality Undergraduate Program from the Perspective of Collaborative Innovation

Pi Pingfan, Huang Yan, Xiao Xuan

Abstract: Practical Teaching System of Hospitality Undergraduate Program from the Perspective of Collaborative Innovation has been constructed; pay special attention to collaborative cooperation between hospitality enterprises and college, to the object of cultivating professional managers and concerning abilities, to practical teaching and its base construction.

Key words: Collaborative innovation; hospitality management; practical teaching system.

关于会展经济与管理专业建设的几点思考

袁亚忠

摘　要：专业建设是高等学校发展建设的重要内容，是一项复杂的系统工程。本文从势与位、博与专、教与学、学与练等四个方面，对会展经济与管理专业建设的基本问题进行了理论分析，旨在为我国会展经济与管理专业的健康发展提供参考。

关键词：会展教育；专业建设；人才培养

自2003年上海师范大学和上海外贸学院率先开办会展经济与管理本科专业以来，截至2015年全国已有98所本科院校开设了会展经济与管理及会展设计等相关专业。2005年广东财经大学成为广东省首先开办会展经济与管理本科专业的高校。10年以来，我校会展经济与管理专业已为社会输送会展专业本科学生420余人、研究生8人，成为珠三角培养合格会展专业人才的重要基地。回顾十年办学经历，总结成长的经验教训，思考专业建设的基本问题，探讨专业建设的发展规律，是会展经济与管理专业进一步做大、做强、做精的必然之举。

1　势与位

"势"是指会展经济与会展教育发展的形势，"位"是指会展专业教育在我国会展业以及高校专业建设中的地位问题。

改革开放尤其是20世纪90年代以来，我国会展业发展十分迅速，以年均超过国内生产总值（GDP）的速度成为我国国民经济发展的亮点和新兴产业。据商务部发布的统计数据显示，2014年，全国共举办超过5000 M^2以上的展览会8009场，展出面积1.02亿 M^2[1]，按展览面积计算，中国成为全球会展业当之无愧的第一大国。2015年3月，国务院颁布《关于进一步促进展览业改革发展的若干意见》（国发15号）[2]，首次将展览业纳入国家发展战略，提升了会展业的地位。与此同时，各省、自治区、直辖市纷纷出台大力发展会展业的措施，明确将会展业定位为所在区域和城市国民经济发展的新兴产业和第三产业的龙头或优势产业。在我国经济进入新常态时期，会展业逆势而上，强势增长，成为我国经济保持稳定增长的一道靓丽风景线。

伴随着中国会展业蔚为壮观的快速发展形势，会展高等教育规模迅速扩大，短短10来年时间，全国普通高等学校就有70多所开设了会展经济与管理及会展设计专业，高职院校开设会展策划与管理、会展设计等专业已达上百所学校，学生人数超过10万。会展专业师资逐年增加，课程体系渐趋完善，教学内容不断充实，教材建设持续推进。与此同时，社会对会展的认识逐步转变并稳步提高，由展览到会议与展览，从 MICE（Meetings, Incentive Travel Programs, Conferences, Exhibitions 的简称），到如今的"大会展"（包括展览、会议、节庆、赛事、演艺等），会展的范畴日益扩大，逐渐为社会大众所认知和接受。

会展经济的迅猛发展和会展专业教育的火爆场景，可以说交相辉映，相得益彰，造就了如今会展发展的大好形势。会展业在国民经济和社会发展中的地位，无论是在国家层面，还是在各地政府层面都得到了较大的提升。会展专业教育理所应当在促进我国会展业进一步发展和高校适应社会经济发展需要、培养合格人才方面占据重要的地位。要实现这一宏伟的战略目标，加强会展经济与管理专业建设，探索会展专业人才培养规律，为社会输送大批视野广、素质高、能力强的合格专业人才队伍，不能仅仅理解为争地位的问题，而要上升到推动我国会展业持续健康发展成为世界会展强国而培育人才的战略高度来严肃对待。如果错失了当前会展经济发展的战略机遇期，会展专业教育在普通高等教育体系中的地位势必将受到严重影响，切不可等闲而视之。

2 博与专

人才培养，是高等学校的根本使命和核心任务。"博"与"专"是高等学校人才培养要着力解决的关键矛盾之一。"博"要求培养的人才在知识的广度上要尽可能宽广，而"专"则要求学生在广泛学习各门理论知识的基础上掌握适应本行业发展需要的专门知识和技能。为了指导全国高校人才培养工作，教育部在2013年颁布的普通高等学校本科专业目录时，提出了"宽口径、厚基础、强能力、高素质"的原则性指导意见。在教育部统一规定高校开设公共基础课程的基础上，各学科相应制定和规范了本学科的核心课程，这样由公共基础课、学科基础课、专业核心课和选修课共同构成了目前高校各专业人才培养计划和课程教学体系的基本脉络。从现有的金字塔式的课程教学体系来看，公共基础课程无论在科目设置的数量，还是在学分和学时的分配上，毫无疑问占据着整个课程教学体系的主导部分。在公共基础课之上，学科基础课又占去半壁江山，剩余的部分才归属各专业开设相应的专业核心课程、选修课程和综合实践类课程，所剩无几的学分和学时严重制约了各专业自主开设相关专业急需的课程，导致高校所培养的人才走向社会后学非所用、用非所学的现象普遍存在。

从会展经济与管理专业本身来说，专业的名称似乎就寓意着：会展涵盖了经济学和管理学两大一级学科的相关理论知识和内容。譬如，展览会起源于人类社会早期的物物交换和集市贸易，与贸易有天然的密切关系，但展览会要经营好，不仅需要了解贸易与经济学相关领域以及展示设计等方面的知识，还需要管理学相关的理论知识来进行正确的指导。况且,会展经济与管理专业本身要研究的问题就十分庞杂,既有会议、展览,也有节庆活动,还有体育赛会,每一类活动无论在主题、内容还是在具体运作上都存在差异,都需要专门的技能来实际操作。此外,由于不同的高校在设置会展专业时来源不同、师资有别,因此课程教学体系也就呈现出千姿百态、各具特色的壮阔图景。这既可以说是会展这一新兴专业发展的必经阶段,也可以说是为未来进行有益探索的必要准备,但是不管怎样,如何化解会展经济与管理专业建设过程中的"博"与"专"的矛盾问题,不仅关系到会展经济与管理专业本身的发展,也将对其他专业的建设提供有益的参考和借鉴。

3 教与学

这里的"教"与"学",有两层含义,一是指教师与学生,二是指教师的教与学生的学。

首先来说会展经济与管理专业的教师与学生。现代会展业从19世纪90年代末才开始形成,距今仅120余年的时间,会展专业教育的出现还只有几十年的时间,而我国更是在本世纪初才有本科层次的会展专业教育。相比于传统优势学科与专业,会展经济与管理专业无论是理论体系还是师资队伍均处于初级发展阶段,远未成型,更谈不上成熟和完善。我国高校从事会展教育的师资队伍严重不足,大多数教师半路出家,从其他专业转而从事会展专业教育与教学,存在诸多先天性的不足。由于教师缺乏规范的会展专业理论训练以及行业的实践经验,导致理论研究不深入不系统、教材编写泛泛而谈缺乏实际指导意义、课堂教学照本宣科纸上谈兵等现象比比皆是。反观学生,由于近年来全国各地大力发展会展经济,热情一浪高过一浪,学生家长以及学生本人亲身感受到了我国会展经济发展的大好形势,再加上会展经济与管理专业作为新兴专业,因此学生报考的积极性很高。但是,学生经过四年的专业学习,原本可以成为会展行业的后备坚实力量,而残酷的现实却是,会展经济与管理专业毕业生真正到会展行业就业的比例并不高。当然,这一方面说明学生就业选择更加自主和多样化,但另一方面也不能不说会展经济与管理的专业教育与教学出了一些问题,这些问题究竟是什么,需要每一个从事会展专业教育的教师们认真加以分析和思考,而不能一味将责任推给学生和社会。

其次是会展经济与管理专业教师的教与学生的学。教学相长,既是指教师与学生相互促进相互提高的一种辩证关系,也是教师与学生之间一个双向互动的发展过程。教无常法,学有新招。随着时代的变迁,尽管教学的内容、手段、方法在不断丰富与完善,但教学的根本目的仍然在于教师能根据教育教学的规律,提高学生的积极性,为学生的未来发展提供坚实的理论基础和良好的技能训练。教师除了站好三尺讲堂，充分利用45分钟课堂进行专业理论讲授，教育学生树立正确的世界观、人生观和价值观，培养职业操守，提高沟通、表达和组织能力，还必须发挥教师的言行示范作用，引导学生做一个对家庭、职业和社会负责任的人，在学生遇到人生挫折和困难时，耐心细致为学生排忧解难，做学生的知心人，这样才能在学生的学业和生活中真正成为学生成长的引路人而不是旁观者。与此同时，学生在教师的课堂内外不仅耳濡目染感受到教师的人格魅力和理论素养，还能效仿教师的言行，积极主动参与到教师的教学过程中，实现教与学的良性互动，达到教师与学生的共同成长目标。

4　学与练

这里的"学"与"练"是指学生的理论学习与实践锻炼。我国古代伟大教育家孔子曾说：学而不思则罔，思而不学则殆。引申开来，我们可以理解为：学生仅仅有理论的学习还远远不够，还必须将所学的理论知识运用到实践当中去。只学不练，眼高手低；只练不学，眼低手也低。

会展经济与管理是一个实践性很强的应用型专业。会展行业日新月异的实践经验不断充实和丰富会展理论知识，而会展理论知识只有运用到实践中去才能真正检验和指导会展行业的实际工作，两者是一个相互促进、相互提高的动态发展关系。大学四年期间，学生的主要任务是系统的基础理论和专业知识学习，但通过课堂案例讲授、实验实训、专业实习、毕业实习等实践性环节，能有效弥补学生实际经验缺乏和动手能力差的不足。因此，应根据会展行业对专业人才的素质要求和能力要求，在制订会展经济与管理专业人才培养方案和教学计划时，要合理安排学生的理论学习和实训实操时间，精心设计不同实践环节的实习目标和内容，达到为会展行业大发展培养大批理论素养好、动手能力强的会展专业人才的目标，才能最终促进我国会展业健康持续的发展。

实践性教学环节是一项重要的教学活动，每一项具体的实践活动都需要明确设定目标、合理有效安排、周密组织实施和严格监控过程，才能确保实践性教学环节达到预期的培养和提高学生实操能力的目的。例如，在实验室模拟仿真会展活动的全过程，教师通过让学生置身于特定的会展场景中去，有利于提高学生的辨别能力、判断能力和纠错能力；通过专业实习，让学生有目的地带着问题到展览会、会议、节庆活动和体育赛事中去，亲身感受和参与会展各项活动的运作流程，培养解决实际问题的能力，提高应对真实复杂情况的处置能力和水平，使专业实习真正成为学生毕业后走向社会、了解实际工作岗位需要的一扇窗口和通向未来的一座桥梁。

参考文献

[1] 中国会展经济研究会. 2015 中国会展行业发展报告 [R]. http://fms.mofcom.gov.cn/article/lingzx.

[2] 国务院. 关于进一步促进展览业改革发展的若干意见（国发 15 号）[EB/OL]. http://www.gov.cn/zhengce/content/2015-04/19/.

Discussion on Some Problems of MICE Economics and Management Specialty Construction

Yuan Ya-zhong

Abstract: Specialty construction is an important part of the development and construction of institutions of higher learning, is complicated system engineering. This paper discusses four problems of MICE economics and management specialty construction about situation and position, extensive and professional, teaching and learning, learning and practice. We hope that it would provide the reference with the healthy development of Chinese MICE economics and management specialty construction.

Keywords: MICE education; Specialty Construction; Talents Cultivation

中外酒店管理本科专业人才培养方案比较研究*

胡 林

（广东财经大学 地理与旅游学院，广东 广州 510320）

摘 要：本文结合国家教育部的高等教育酒店管理本科专业具体要求，通过对国内外具有典型代表意义的酒店管理本科专业人才培养方案的比较，研究当前中国酒店管理本科专业的培养模式和课程结构构建，从专业发展的宏观考虑，寻求更加合理和优化的中国本土酒店管理专业的教育模式，探索酒店管理本科专业人才培养方案的合理化路径。

关键词：中外酒店管理本科专业；人才培养方案；比较研究

1 前 言

1.1 我国酒店高等教育的发展概况

截至2015年，全国可以招生酒店管理本科专业的高校为131所，开办酒店管理本科专业的高校分类为"985"高校1所，"211"高校5所，民办高校和独立院校合计33所，其他全日制本科院校69所。其中开办酒店管理本科专业的高校目前具有旅游管理硕士点有26所，具有旅游管理博士点有4所。

目前我国开办酒店管理本科专业的高校在今后几年也许还会大幅度上升，酒店管理的高校布点已非常全面，只有西藏、宁夏、青海三地未有布点（不包含港澳台）。而且开办酒店管理的高校主要是一些地方高校，其中许多还是近年的新增本科院校，民办高校及独立院校所占比例也不低，估计这种局面还会继续。

1.2 我国酒店高等教育存在的问题

1.2.1 规模与效益增长不同步

目前开设酒店管理本科专业的旅游院校很多，但有很多是受利益驱动而设，

---

* 胡林，女，江西南昌人，广东财经大学地理与旅游学院副教授，广东酒店发展战略研究中心主任，主要研究方向为酒店教育研究与管理。本文为2014年广东省广东教育质量工程项目"广东财经大学管理专业校外实践教学基地"及同年广东省高等教育教学改革项目"基于协同创新机制的酒店管理本科人才培养模式改革"（GDJ20141156）阶段性成果。

不少高等院校投入不足,缺少专业师资,缺少专业实践条件,"硬件""软件"都与广东教育对酒店管理的要求相距甚远,整个教育质量只能在低水平徘徊。大多数院校远远不能达到办学的规模效益,而且各院校酒店管理专业简单重复,口径狭窄,布局不合理,造成现有教育资源的闲置和浪费,不符合酒店教育可持续发展的战略要求,还无法达到世界先进水平[1]。

1.2.2 培养目标与社会需求错位

首先,培养模式单一,层次定位模糊,高层次人才缺乏。几乎所有的酒店管理本科专业都集中在同一层面上培养相同类型的人才,不论是职高、中专,还是大专、本科的培养模式,几乎都是技能型的服务人才[2]。只不过相比专科生,本科生多了一些囫囵吞枣的理论、管理知识。但这些知识从来没有实践,因此只能让他们从最基层的服务工作干起,导致本科生找不到合适的工作,频繁跳槽,甚至脱离酒店行业,造成酒店教育浪费。这种现状就是由于酒店教育层次定位模糊,没有对酒店人才市场进行细分、没有找准自己办学的市场定位引起的[3]。

其次,专业设置不合理,课程体系缺乏特色,人才培养脱离社会需求。培养目标是学校一切教学活动的出发点和归结点,而课程体系则是培养目标全面和具体的体现。目前,许多在外延式扩张战略指导下涉足酒店教育的院校,在培养目标、专业设置和课程体系设置方面存在着很大的盲目性,往往在对酒店业发展的内在规律、发展现状和发展趋势及酒店教育所承载的使命缺乏了解的情况下,以自己原先所在学科的优势和特点为出发点,确立自己的专业和课程体系,致使专业设置缺乏规范性、专业性、适应性。酒店业是一个综合性的产业,其产业性质决定了酒店从业人员应该是综合性的人才。专业设置的不合理导致学生的知识面过窄,知识结构不合理,综合分析和协调能力差,不能适应酒店工作的实际需要[4]。

1.2.3 专业理论和实际能力差距较大

众多的酒店行业从业人员、管理人员在实际工作中发现在大学课堂上所学的专业理论与实际情况存在着很大差距;为数不少的酒店专业大学生也在不断抱怨专业课程设置不合理,教材陈旧,毕业后不受酒店行业欢迎,找工作越来越难等问题[5]。通过实际调查得到的结论更应引起我们的重视:在学生毕业前夕,对酒店管理专业的本科生就业状况进行调查,结果表明,近几年的签约率越来越低,实际就业率更低,统计发现只有30%左右的学生同酒店企业签约,其中还有一定的虚假成分,而70%左右的毕业生则流失到其他行业或待业[6]。如果进行追踪调查,结果显示,即使是在酒店行业就业的学生,在一两年内大多数又不知去向,能够剩下的寥寥无几。低就业率和高流失率的现象在酒店管理专业已经十分严重。

1.3 研究意义和研究方法

我国酒店高等教育存在的弊端，越来越影响了酒店教育的健康、正常发展；而这些问题是来自于多方面的，但是归根结底还是出在酒店教育自身上。而影响酒店教育实施效果的核心又来自于酒店管理本科专业人才培养方案[7]。所以，本题期望通过对中外国家一些酒店高等院校的酒店管理本科专业人才培养方案对比研究，从差异中寻找到酒店教育的共性问题和基本原则。通过对国外发达国家酒店教育优秀成果的借鉴，探索出更加合理和优化的中国本土酒店教育模式。通过对国内成熟院校及新兴旅游院校的教育发展状况的分析，找出我们的优势与不足，探索中国酒店本科教育人才培养的合理化之路。

本论文的研究方法主要运用比较方法法和个案研究法。通过搜集大量的国内外各大院校酒店管理专业人才培养方案构建状况的第一手资料，运用比较方法，得出两者的异同，分析差别的原因，并在相同的培养模式和课程设置中，寻找我国酒店管理专业人才培养方案的本质。

2 中外酒店管理专业高等教育的对比分析

2.1 中外酒店管理专业培养模式的对比分析

2.1.1 培养效果

目前，国内开设酒店管理专业的本科院校，除了极少数院校有比较明确的人才培养层次划分与细致的专业内部分工外（如北京联合大学旅游学院，开设了酒店管理、餐饮管理、服务专业、烹饪工艺、营养专业、日语旅游等专业）[2]，其他大学的培养目标都比较宽泛，既希望培养酒店业的中高级管理人才，又受困于自身的实力及学生就业找不到工作的现状，这也直接导致了学生既缺乏扎实的理论培养，又没有精湛的实际操作能力。所以逐渐向平庸化方向发展[8]。

而国外的酒店教育，一般定位都比较清晰。如美国康奈尔大学酒店管理本科教育，对专业实习的安排也非常有特色。康奈尔大学的酒店管理专业一般是，每年4月，学生有3天时间可以接管酒店，为毕业生和酒店知名人士提供全方位服务；作为三、四年级的学生，可为任何一间高星级酒店工作6个月（春夏或夏秋）；在酒店管理学院自己的STATKER饭店和高级管理人员教育中心，在平时或暑假都可以得到餐饮服务、客房服务、会计、前台、宴会等岗位作为实习。

两相对比，不难发现，目前国内酒店本科教育课程体系设计中有理论水平或有实际操作的课程均比较欠缺；而国外酒店专业课程设计与教育培养目标是紧密相联系的，对高级管理人才培养开设的课程与技能型人才培养开设的课程体系层

次分明，差别明显。（见表1）

表1　中外酒店管理本科专业培养目标

院校	培养目标
美国康奈尔大学	为全球培养21世纪接待业的领袖，培养的是接待业的行业精英或领袖，具有社会责任感和为他人提供卓越服务的素质。本科阶段注重教授学生在酒店工作中最基础的技能
香港理工大学	要求学生自主确定学习计划，完成各自领域的酒店管理科目学习。同时除了自己重点领域，有机会采取选修科目进行跨学科的其他领域学习。还要求通过在海外或当地实践经验加强理论
中国旅游学院（北京第二外国语学院）	通过对学生在专业能力、国际化视野及沟通能力、创业与创业能力及社会责任感等方面的培养，使之成为能适应国家发展战略、符合酒店业及健康服务产业等新兴现代服务产业需求的高能力创新型卓越管理人才
中山大学	坚持四项基本原则，具有良好的道德品质和学术修养，有较强业务水平，德、智、体全面发展的优秀毕业生；掌握酒店及旅游住宿业管理的基本理论、基本知识和基本技能，基本掌握酒店管理原理与方法，胜任酒店业管理职业需求 学生毕业后可以在酒店及餐饮企业、旅游国际组织机构等工作，也可以继续攻读硕士学位
广东财经大学	培养适应星级酒店发展需要，具备较高的管理理论素质和扎实的酒店管理专业知识，具有人文素质、国际视野、领导艺术、创新意识、创业精神和社会责任，熟悉现代星级酒店经营管理方法和手段，能够在高星级酒店、高级住宿业机构、高级餐饮业机构、教育科研机构等从事酒店管理、接待服务及教学科研研究工作的应用型、复合型专业人才

2.1.2　设置依据

　　由于中国的酒店专业一般是设在外语系、地理系、中文系、历史系、工商管理系下面，所以在酒店课程体系的设置上一般都带有较强的所属系的专业特色。比如，中国旅游学院（北京第二外国语学院）的优势学科是外国语专业，所以，其酒店专业课程体系的设置上，对外语专业课程的开发便相当重视。在其专业必修与专业选修课的全部45门课程中，外语类共有9门，比例达到1/5，与酒店专业核心课程的比例持平。而通过国外样本资料反映，这种语言类课程在其酒店专业课程体系中的比例是非常小的，德州大学的酒店专业下设的西班牙语课程属于选修课，而且只有两门。瑞士的洛桑酒店管理学院在第一学期和第二学期开设外语课，比例也要小很多。虽然一部分原因是当前世界应用最广泛的语言是英语，英语国家具有一定的优势，但外语课程占酒店专业课程的比例达到1/5，与专业核心课程比例接近或持平，显然并不合理。

反观国外的酒店专业虽然也有的是嫁接在其他成熟专业下，比如普渡大学的酒店专业是设在文科与社会科学学院下的，澳大利亚的昆士兰大学的酒店专业是设在商务、经济与法律学院下的，但普渡大学酒店专业的课程体系中，专业必修课程20门，如餐饮与旅游业概论、服务业财务会计、接待业管理、接待与服务业的公共卫生与健康、酒店业与餐饮业组织和酒店与餐饮业市场营销、餐饮管理中的管理会计和财务管理、酒店业与餐饮业法律、高级食品服务管理、酒店管理业的经济发展与可行性研究等，全部与酒店业的管理实践、应用，紧密结合在一起。而其背景学科优势则体现在14门公共课当中，主要强调了社会学、经济学、人类学的基本原理，如必修的经济学原理课程和选修的一门社会科学课程（Any Social Science）和一门人类学课程（Any Humanities）。相对于国内的旅游教育课程体系设置，国外的一些院校是非常注重酒店学科自身核心课程的开发的，并且在优势学科的转化上更成熟。

因此，通过二者的对比发现，中国酒店专业课程体系中，母体学科背景过于浓厚（外语、地理、历史、中文、工商管理），且对优势学科的消化、吸收不够，多生搬硬套，少融会贯通（见表1）。因校设课、因教材设课的现象较为普遍。而国外酒店专业课程虽也有依托学校优势专业的，但从普渡大学等院校看，其专业课程设立并不脱离酒店专业的本质，而是注重与酒店企业、餐饮企业管理课程的结合，并将优势学科运用于基础课程的开设当中，很好地协调了与酒店专业核心课程的关系。这也反映了国外酒店教育的导向多以学生发展为中心，其教材的选择和课程的设置，完全以培养能够为市场接受，并为企业欢迎的专业人才为目标。

2.2 中外酒店本科课程体系的比较

2.2.1 课程设置

通过对国内的几所院校人才培养方案的分析，我们发现，在基础理论课方面涉及管理学类、经济学类和旅游学类课程，在旅游学类中基本上又涉及经济学、心理学、地理学、文化学、美学、法学等若干一级学科的基本理论知识，呈现出"大而全"的特点，这符合酒店管理专业这种跨学科性质。

但是在专业课程设置中呈现出"小而全"的特点，以某酒店本科专业的课程设置为例：其专业必修课中有基础英语、专业英语、英语技能训练三门英语课，而在选修课程中则又有包含英语口语、听力、写作、泛读、口译、笔译六门英语类课程，这些课程占到课程总数的1/5，是典型的重复设课。又比如其在专业必修课中开设了市场营销学、服务营销学、国际营销学、市场调查与预测，选修课中的旅游目的地营销，总计五门营销类课程。

比较国外的一些院校的课程设置，我们很容易发现他们通过细致的专业划分，在一定程度上规避了重复开课的弊端。专业特点突出。即使是旅游与酒店管理专业共同授课的院校，也没有类似国内院校的那种既有旅行社市场营销课又有酒店营销课的"小而全"的课程设置体系。比如，普渡大学酒店与旅游管理系就是将旅游与酒店方向共同开课，避免重复。譬如酒店业与旅游业概论、旅游业与酒店业市场营销、旅游业与酒店业法律法规等。人才培养开设的课程与技能型人才培养开设的课程体系层次分明，差别明显。

表2 中外酒店管理本科专业课程结构

院校	课程结构
美国康奈尔大学	第一年：除了下列课程之外，一年级新生还需要参加写作课程和康奈尔大学其他学院的基础选修课：组织行为学和人际关系、服务行业的微观经济学、管理沟通、商务计算机应用、酒店运营概论、饮食/食品服务行业运营概论、金融会计 第二年：餐饮酒店业定量分析、人力资源管理、管理会计、烹饪理论和实践、服务行业营销管理、餐饮酒店业发展与规划 第三年：除了下列课程，学生还会选择出国交换、开始辅修其他专业、选修方向课程等：服务行业运营管理、餐厅管理、餐饮酒店业房地产原则、餐饮酒店业设施管理、管理沟通、商业法和餐饮酒店业相关法律 第四年：战略管理
香港理工大学	第一年：审查基本操作技能和管理技能、基本商务、信息技术和管理技能的研究。服务组织管理旅游与酒店管理商业环境前台操作、食品服务操作介绍、旅游介绍和准则、旅游与酒店业的人员编制与监督客房服务操作、餐饮服务原则旅游与酒店营销 第二年：主要在该行业内进行为期48周的实践。工作综合教育、专业及领导力发展 第三年：在专业化学习和实践经验基础上进行巩固。客房部管理、餐饮服务与生产实践、酒店与旅游业的会计操作、酒店设施规划与维护

（续上表）

院　校	课程结构
中国旅游学院（北京第二外国语学院）	除通识课程及外语之外，主要专业课程有三大类，一类是以强化商科类专业学术素养和研究基础为目的的相关课程，包括经济学、管理学、财务管理、市场营销、统计分析、社会科学研究方法等；另一类是以拓展专业知识为目的的相关课程，包括饭店管理原理、国际饭店管理、餐饮管理、邮轮管理、酒店与地产投资开发、饭店财务管理与资本运营、饭店管理信息系统、饭店管理整合项目、健康服务管理、食品安全等；第三类为专业素质类课程，如红酒及茶艺鉴赏、社交礼仪与职业素养、养生学等
中山大学	专业核心课程：管理学、宏观经济学、微观经济学、旅游概论（双语）、市场营销、人力资源管理、旅游地理学、酒店经营管理（精品）、服务运营管理、会展概论、项目管理、旅游经济学、旅游消费者行为学、会计学原理、战略管理、商务统计学、旅行社经营管理、旅游研究方法 专业特色课程：第二外语（法、日）、餐饮经营管理、住宿管理、俱乐部管理、酒店成本会计、收益管理、酒店规划与筹建管理、饭店营销策划与市场推广、酒店管理调研与业务数据分析、管理会计学、酒店管理信息系统等
广东财经大学	除通识课程之外，主要分为学科基础课程和专业课程两大类： 学科基础课程：管理学、宏观经济学、微观经济学、旅游学概论、微积分、线性代数、概率论与数理统计、服务管理、管理信息系统、商法、会计学、统计学 专业必修课程：酒店管理概论、旅游消费者行为学、餐饮管理、酒店战略管理、旅游管理案例专题、现代服务业概论、酒店规划与筹建管理、物业管理、酒店英语、酒店前台与客房管理（双语）、酒店市场营销、服务业人力资源管理（双语）、社交礼仪、旅游法 专业选修课程：会展概论、旅行社经营管理、管理沟通、会议与宴会管理（双语）、主题酒店开发与管理、食品营养与卫生、酒店文化、烹饪学基础、危机管理、酒店收益管理、酒店康乐管理

2.2.2 差别与雷同

我国几乎所有院校的酒店管理专业的课程设置都基本相同或类似，甚至达到了"全国一个样"的程度（见表2）。虽然有的侧重外语，有的侧重中文，有的侧重管理，但是所有有外语背景的学校开设的课程几乎一样，所有有管理背景的学校开的旅游专业都是突出管理学的那些课程，这在某种程度上是另一层面上的"全国一面"。

以中山大学管理学院下的旅游管理专业课程设置与广东财经大学酒店管理专业课程设置中相同或相近可处为例：

中山大学酒店管理专业课程有：旅游概论、宏观经济学、微观经济学、旅游法、旅游心理学、旅行社经营管理、酒店英语、服务管理、酒店管理概论、房务餐饮管理、食品营养与卫生学、酒店财务管理、酒店管理信息系统、酒店物业管理、酒店公关等。

广东财经大学酒店管理专业课程有：旅游学概论、旅游经济学、旅游法、旅游心理学、旅行社经营管理、酒店英语、服务管理、酒店管理概论、酒店前台与客房管理、餐饮管理、食品营养与卫生学、酒店管理信息系统、酒店物业管理、酒店规划与筹建管理等。

经统计发现，两者相同或相似类课程数超过10门，占专业课程总数的50%以上，而且，这其中还不包括专业的基础类课程，如管理学、统计学等。过高的课程重复率的出现，直接导致了国内酒店教育缺乏特色。

反观国外酒店管理专业的课程体系设置，这种类似国内"全国一面"，课程体系大致相同的情况则少得多。以同为酒店管理专业的内华达酒店管理学院与洛桑酒店管理学院为例：

内华达酒店管理专业课程：初级英语、高级英语和世界文化、美国宪法和内华达州法律、美术课或艺术鉴赏课、商务写作、计算机、酒店会计ⅠⅡ、市场营销、代数、演讲课、人文学科课程选修、实验室科学、批判性思维、社会科学选修（心理学方向或社会学方向）、统计学、经济学课程选修、酒店管理导论、食品服务卫生、食品服务操作、采购管理、接待业导论、酒店业职业发展、人力资源管理、设备管理、酒店业法规、劳工法、组织利益、酒店业财务管理、酒店业分析、成本控制、酒店业服务管理、运营与战略管理、食品质量管理或节庆活动。

洛桑酒店管理学院课程有：外语、接待业运营的法律法规、美术学导论、酒店业导论、学术论文与商、办公自动化系统、财务会计、市场营销学原理、客房管理、客房生产、组织行为学、烹调艺术与文化、沟通技巧、前厅操作、客户总账管理、酒店与住宿业市场营销、质量法则、文化多样性导论、酒店信息技术应用、住宿业销售及市场营销的交流、资产管理、资产开发与规划、酒店其他部门实际操作、调研及分析技巧、管理会计、微观经济学、管理沟通、战略管理、财务管理、服务市场营销学、服务运营管理、人力资源管理。

通过对比发现，即使是同为酒店管理专业的两所院校，课程体系差别也非常大，除了外语类、计算机、商务类等基础理论课程大致相同外，他们在具体的专业必修课程设置上差别惊人。通过分析可以看出，内华达酒店管理专业的课程设计侧重于酒店宏观管理；而洛桑酒店管理学院则要细致得多，他们的课程设置侧重对酒店专业人才专业素质的培养。因此通过以上对比研究发现，中国酒店管理专业课程设置严重雷同，几乎"全国一面"；而国外酒店管理专业由于培养目标的不同，课程设置差异很大。

3 中国酒店管理本科专业人才培养方案设置的新路径

通过对中外酒店管理本科专业人才培养方案的对比分析，本文认为中国的酒店管理专业的改革既要坚持一定的原则，又要有及时而大胆的实际举措。酒店管理本科专业的人才培养方案遵循教育部颁布的普通高等学校本科专业的规定：依托中外酒店管理本科专业的培养目标，结合我国酒店产业可持续发展的现状，寻求新的发展路径。

3.1 适应旅游人才市场的需求，注重实践能力的培养，打造酒店管理专业应用型人才

不论是什么专业，培养的人才终归是要进入社会的。酒店管理专业更是与市场与酒店企业接触紧密的专业。所以，酒店管理人才的培养，不能忽视市场对人才的要求与需求。否则，酒店教育也就丧失了存在的基础，必须在充分认识培养应用型人才的客观必然性。

现代高等教育正在由"精英教育"向"大众化教育"转变，其首要任务就是为经济社会发展培养有全面素质和专业技能的应用型人才，为社会发展提供基本的人才保证。

酒店业作为服务业的重要组成部分，其行业的特殊性决定了该专业毕业生良好的职业发展来自其基层服务的工作经历。因此，该行业要求酒店人才必须具备应用型人才所体现的相应的专业知识、较强的实践能力和应变能力为核心的综合素质。因此，酒店应用型人才培养成为"大众化教育"时期重要的人才培养方式。

3.2 发挥自身优势，因地制宜，强化国内外课程的衔接

由于酒店管理专业成立的时间晚，基础薄弱，所以产生了嫁接在其他学科上设置的特点。这虽然给酒店教育的发展带来了不利的影响，但同时，我们也应看到，酒店学科的跨学科特点，在某种程度上是鼓励这种多学科参与酒店教育教学的。因此，在目前的这种多学科影响的现状下，我们可以发挥原有的特色，因地

制宜，开发出更细致、更具特色的专业分支，以此加强、加深酒店教育的专业化特色。

我国高等教育法对本科生的要求是：具有从事本专业实际工作和研究工作的初步能力。2012年教育部《关于普通高等学校修订本科专业教学计划的原则意见》明确了国家对本科人才培养质量的基本要求，在业务上提出了"具备一定的从事本专业业务工作的能力和适应相邻专业业务工作的基本能力与素质"的规格标准，即充分体现厚基础、宽口径、强能力、广适应的原则。

通过对国外酒店管理课程体系的研究，我们发现了很多的差异，虽然，双方可能或多或少的都存在不足。但很明显，国外的旅游酒店管理专业课程体系有很多值得我们借鉴的东西。随着全球化的不断发展与程度的继续加深，酒店管理专业作为全球化发展的先行者，必然会对专业人才的全球视野有更高的要求，所以，从培养酒店人才的角度，酒店管理专业不应忽略国内外的衔接及对全球化过程的评价、认识和适应。因此，笔者认为可在酒店管理专业课程体系中设置基础课程模块、主要课程模块、拓展课程模块和专业实习模块等若干层次性课程模块。学生在第一、第二年完成了学科基础课程的学习后，对酒店业有了基本了解，再根据自身特点和行业发展情况与趋势对选修课程和拓展课程加以选择，以保证其学习的兴趣和专业的针对性。学生毕业后可依酒店业、旅游业及其他服务企业的顺序选择就业方向。由此既保证了本科教育中学科理论的厚基础，又实现了培养目标的强能力以及他们未来发展的宽口径和广适应，从而兼顾了个人、行业和社会的利益（见图1）。

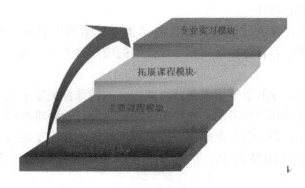

图1 酒店管理专业的课程体系

4 结 论

通过对中国国内高等院校旅游专业课程体系以及国外高校旅游专业本科课程体系的对比研究发现，目前全球旅游教育还处在一个发展的阶段，还有很多问题亟待解决，酒店管理专业的发展也并不成熟。但是，在目前的历史阶段，国外一些酒店院校的人才培养方案还有很多值得国内酒店管理专业借鉴的长处，他们的酒店教育机构对酒店专业人才能力的培养有很多独特的理解，这些优点与长处是需要中国酒店教育机构学习和借鉴的。

其次，中国酒店管理教育虽然存在很多需要解决的问题，但是在酒店人才培养的方案方面同样也存在很多的合理性。对国外的优势与特色的学习与吸收固然是进行比较研究的一项重要目标，但在构建中国人才培养方案时，国内已经建立或已经被接纳的合理成分是不能够全盘否定的。

最后，酒店管理人才培养方案的建立，不光是对目前优秀成果的继承，也不单是对国外优点的学习，最重要的是不能脱离本学科的专业特点，对酒店管理专业跨学科特点的把握是研究的重点。

所以，在坚持酒店管理专业跨学科特点的基本原则下，在侧重培养能够为酒店企业欢迎的应用型人才的目标下，在吸取国外酒店管理专业课程体系优点与特色的基础上，建立具有我国特色的酒店管理本科专业人才培养方案。

参考文献

[1] 余昌国. 饭店高等教育应受到更多关注 [J]. 旅游学刊，2008，23 (3)：11-12.
[2] 刘艳华. 旅游高等院校饭店管理人才培养模式创新研究——以北京联合大学旅游学院为例 [J]. 旅游学刊，2004 (S1)：107-112.
[3] 魏敏. 我国旅游专业人才培养模式初探 [J]. 经济师，2006 (2)：124.
[4] 陈秋华，张健华. 旅游管理本科专业人才培养模式的探讨 [J]. 福建农林大学学报：哲学社会科学版，2005，8 (3)：71-74.
[5] 林海英. 旅游管理专业本科教育的现状分析与思考 [J]. 河南教育学院学报：哲学社会科学版，2005 (2)：77-81.
[6] 刘宁宁. 旅游人才教育培养模式的国际比较 [J]. 鲁行经院学报，2003 (3)：45-46.
[7] 李华闻. 创新教育下我国旅游类高等教育人才培养模式的实施 [J]. 鞍山师范学院学报，2005 (7)：105-108.
[8] 王红. 国外旅游教育对中国的启示 [J]. 郑州航空工业管理学院学报：社会科学，2004 (10)：82-83.

A Comparative Analysis on the Undergraduate Curriculum of Hotel Management between China and Its Foreign Counterparts

Lin Hu

(Guangdong University of Finances and Economics School of Geography and Tourism Studies Guangzhou, Guangdong 510320)

Abstract: This paper studies the current undergraduate hotel management curriculum in China through a comparative study between significant programs of this subject in China and abroad, combining with the detailed requirements of undergraduate hotel management program by the Ministry of Education of China, in order to pursue a more feasible and better localized hotel management education model for Chinese universities, and to explore methods to design a more reasonable undergraduate hotel management curriculum for the long-term development of this subject.

Key words: Undergraduate Hotel Management Program between China and its foreign counterparts; Curriculum; Analysis; Comparative Research

酒店管理本科专业实践教学体系建设的探索[*]

陈 玲

摘 要：高等学校在人才培养过程中，应当弘扬实践育人的理念，这对于培养学生的综合能力有着十分重要的作用。酒店管理专业是实践性很强的应用型专业，必须重视实践教学体系的建设，从而使酒店管理本科专业学生就业后适应国际酒店业的人才需求。本文阐述了酒店管理专业实践教学的重要性，分析了我国酒店管理本科专业实践教学体系的建设中存在的问题，探讨适合我国高校酒店管理本科专业发展特点的实践教学体系建设思路。

关键词：酒店管理；实践教学；建设

我国高等院校酒店管理专业人才的专业实践能力培养问题备受关注。酒店管理本科专业实践教学体系的建设和优化应该在教学活动中强化实践教学环节，应该与社会对酒店管理专业人才的需求相一致，应该符合酒店行业对于酒店管理专业人才的需求。酒店管理专业人才培养的实践教学体系的建设，包括在人才培养、目标定位、规格定位、课程设置等方面的实践内容和比例的改革与创新研究。

1 酒店管理专业加强实践教学的重要性

高等学校的实践教学一般是指在教学活动中的实验、实训、实习以及社会实践等活动[1]。实践教学应注意开展教学活动的生活化、情景化和社会化，注重对学生实践技能和动手能力的培养。酒店管理专业的实践性较强，在专业人才培养中加强实践教学十分重要。

1.1 有利于实现人才培养目标

酒店管理本科专业的实践教学更注重学生综合素质、实践能力和创新能力的发展与提高。酒店管理本科专业的人才培养目标是培养适应星级酒店发展需要，具备较高的管理理论素质和扎实的酒店管理专业知识，具有人文素质、国际视野、领导艺术、创新意识、创业精神和社会责任，熟悉现代星级酒店经营管理方

---

[*] 本文为 2014 年广东省广东教育质量工程项目"广东财经大学管理专业校外实践教学基地"及同年广东省高等教育教学改革项目"基于协同创新机制的酒店管理本科人才培养模式改革"（GDJ20141156）阶段性成果。

法和手段，能够在高星级酒店、高级住宿业机构、高级餐饮业机构、教育科研机构等从事酒店管理、接待服务及教学科研研究工作的应用型、复合型专业人才。培养实践能力强、具有良好职业道德、从事酒店经营管理工作的应用型专门人才[2]。

1.2 有利于培养出满足社会需要的专业人才

素质教育是与现代大学精神和功能相适应的教育理念。高等学校的酒店管理专业实践教学体系的建立符合素质教育的规律。酒店管理专业的实践教学可以让酒店管理专业的学生掌握相应的服务岗位技能和服务技巧，提高学生的职业素养和能力，就业后很快能够适应服务工作岗位。在酒店管理本科专业人才培养过程中积极开展各种实践教学活动，坚持知行统一，把实践部分内容融入大学生的日常学习和生活之中，符合素质教育的本质要求。大学生通过参与各种课外实践也有利于自身素质得到全面提升。

1.3 有利于提高学生服务意识和服务能力

酒店管理专业具有综合型、应用性、实践性强的特点，需要学生掌握较强的实践操作能力和解决突发事件的能力。因此，在理论教学的同时应加强对酒店管理本科专业学生实践能力的培养，将理论与实践相结合，增强学生服务意识和服务能力，强化酒店管理专业学生分析问题和解决实际问题的能力，从而提高酒店管理本科专业学生的综合能力。

2 酒店管理本科专业实践教学体系建设的现状

目前，我国高等学校酒店管理本科专业人才培养模式才刚刚起步不久，还处于发展的初期，酒店管理本科专业实践教学体系建设也在探索阶段，各个开办有酒店管理本科专业的高等学校分别根据自己学校的特点和优势来设计酒店管理专业实践教学活动，逐步完善实践教学管理。目前，高等学校在酒店管理本科专业实践教学体系的建设中存在以下问题：

2.1 校内实训实验室建设滞后

有些人认为酒店管理本科专业学生的培养没必要建设校内的实训实验室，只有高职教育的人才培养才应该重视实训和实操，认为高等学校对于酒店管理本科专业学生的培养应更加注重理论性和研究性。当然，高等学校和高职学校对于学生的培养主要区别在于培养模式不同、侧重点不同。高职教育更加注重学生专业技能和动手能力的培养。但是，酒店企业需要有一定实践经验的管理人员。因此，我们的酒店管理本科专业培养目标应该是培养一个理论与实践相结合的、应用型的酒店管理专业人才。这样高等院校就需要从多角度、多维度来规划酒店管理本科专业人才培养的方向，在校内重视培养学生对于实践课程中操作流程及技能的基本要求必须要了解，从而达到实用性和创新性的统一。

2.2 缺乏校内实践基地

有些人认为校外实习基地就能够满足实践需求，没必要建设校内实践基地。实际上校外实习基地确实是能够满足酒店管理专业实践教学的部分需求，但是学生在酒店企业里的实习岗位的安排要完全看酒店的需要来确定，要想达到各个部门岗位的轮换比较困难，需要建立校内的实践基地来满足酒店管理专业学生的实践需求。例如，国外著名的康奈尔大学的酒店学院就是主要靠自己的校内实践基地供学生实践，康奈尔大学中心的 Statler 酒店和会议中心可以为在校学生提供不同的实习机会，学生可以在酒店不同部门换岗实习[3]。

2.3 实践教学体系还有待于完善

酒店管理本科专业课程体系中应重视实践教学项目所占比例，酒店管理专业的实践教学体系应该根据专业培养目标来整体规划实践教学项目，并设计实践教学活动的开展和评价评估体系等，从而培养酒店管理专业人才的胜任力[4]。但是目前大部分高校酒店管理本科专业的实践教学体系还有待于进一步完善，存在着实践教学体系中实践教学课时设计比例不高、缺乏有效的实践教学评价标准及保障体系等问题。例如，由于受教学计划的制约，很多学校只能安排短期专业实习。虽然我国高等学校中开办酒店管理本科专业的院校对于校外专业实习的时间安排大多是3～6个月的时间，但这主要是由于受到酒店管理专业在校内开展教学实践活动的局限，把大部分实践操作和服务技能的具体运用在校外实习中让学生逐步接触并掌握。因此，酒店管理本科专业的校外实习具有一定的特殊性，但是仅仅靠实习来补充实践教学的不足也不利于学生综合能力的培养。

3 酒店管理本科专业实践教学体系建设的探索

酒店管理本科专业人才培养需要加强实践教学来提高学生的动手能力和综合就业能力。以广东财经大学为例，我校于1986年开办烹饪工程专科专业，1990年改办酒店管理专科专业，现地理与旅游学院酒店管理本科专业是2007年的新增专业，也是全国第一个酒店管理本科专业。该专业为了提高学生的专业实践技能和技巧，在专业建设中不断探索实践教学体系的建设和管理。我们考虑到酒店管理对专业学习的实践性、应用性要求较高，因此，酒店管理本科专业教学体系中必须要强化实践教学环节，增强学生的动手能力和胜任力。

3.1 明确实践教学目标

酒店管理本科专业实践教学体系的建设必须以提高学生的综合能力、培养应用型人才为目标。酒店管理的实践教学目标一般应该从前台与客房管理（双语）、餐饮管理、物业与设备管理三个方向来设计教学实践项目。因此，我们在制定酒店管理专业计划和人才培养方案时，增加了实践教学课时和学分设置，强化学生的外语沟通能力、现代信息技术的管理能力和酒店经营管理等技能。

3.2 完善实践教学体系的内容

高等学校在酒店管理本科专业建设中不断探索实践教学体系的建设和管理，以达到产教融合、教学与实践知识的一体化。以广东财经大学酒店管理专业为例，我们构建了包括案例教学、课程实验或实践、酒店管理信息系统模拟实践教学、社会调研、专业实习以及毕业实习等环节在内的实践能力培养体系。在"服务管理"、"酒店管理概论"、"前台与客房管理"（双语）、"餐饮管理"等专业课程中设计安排有案例教学与酒店管理信息系统模拟实践教学等内容。根据酒店管理本科教学计划，酒店管理专业学生分别安排有"课程实验或实践"、"社会调研Ⅰ"、"社会调研Ⅱ"、"专业实习"和"毕业实习"。学生的专业实习安排6个月时间，并与毕业实习连接起来安排在大四进行，探索人才培养的"3 + 1"模式。为保证实践教学活动顺利开展并取得实效，教学实践设计安排教师对学生进行一系列的培训和指导。同时仍需要进一步增加专业课程的实验教学内容，不断完善酒店管理专业实践教学体系。

3.3 重视校内实训实践基地的建设

校内实训基地是指校内的实验室、模拟实训室以及校内实习场所等。校内实训基地的建设可以满足课程实践、酒店管理信息系统模拟实践教学、专业实习等实践教学需求，主要是培养学生的动手能力和基本实践操作技能。加强校内实训基地的建设有利于培养学生理论联系实际的能力，增强学生的动手能力。因此，在校内要重视培养酒店管理专业学生，了解专业实践操作流程及技能的基本要求。首先，可以在校内进行模拟教学。我们引入酒店管理信息系统，利用校内的计算机实验室模拟酒店运作经营场景，并且结合酒店管理专业相关专业课程的内容设计和设置相应的实验课程的项目，进行酒店信息化管理模拟教学。其次，加大酒店管理专业模拟实验室建设的力度，这是提高学校办学水平的一个重要条件。与酒店管理专业方向相关课程实验教学的实验室的建设是十分必要的，许多实践教学环节的开展需要校内实训基地。因此，加大酒店管理专业校内模拟实验室的建设可以满足部分专业必修课与专业选修课程的课程教学计划中实验环节的教学需求，增强学生的实践能力，同时也可以打造一个培养学生创新能力的实践平台。

3.4 加强校外实践基地的建设

目前，高等学校酒店管理本科专业部分实践教学主要是通过校外实习基地来完成的，仍需进一步加强与酒店的合作与交流。例如，我们与四季酒店进行的校外实践教学合作，建设成为校企流动课堂，利用酒店现有设施由部门经理负责讲授部分实践内容并给予学生一个实践操作的机会。另外我们还建立了广州长隆酒店校外实践教学示范基地，与广州四季酒店、花园酒店、琶洲威斯汀酒店、广州富力君悦大酒店、W酒店、朗豪酒店等一大批世界顶尖级酒店及酒店集团建立了紧密的合作关系。通过学校与酒店的合作交流，不但可以了解酒店的人才需求情况，而且也给学生提供了一个实践的平台。每一届酒店管理专业的学生从课程实践学习到专业实习和毕业实习，都会在众多的合作酒店中实习和实践，为就业奠定了良好的基础。

3.5 重视实践教学的评估与管理

高等学校的酒店管理本科专业应该重视实践教学体系中实践教学的评估与管理，通过客观的评价指标和测评监控过程对于学生实践过程中的表现进行考核和评估，并通过对实践教学的激励、诊断和评价来进行实践内容的调整和指导，确保培养出应用型、复合型的酒店管理专业人才。高等学校酒店管理本科专业应该注重围绕培养学生综合职业能力素质和胜任力来设计实践教学课程和内容，控制和管理实践教学质量，建立科学的酒店管理本科专业的实践教学体系[5]。首先要注重强化实训项目的评估与管理。酒店管理专业学生要在实训项目后按照要求撰写实训或实验报告。其次，注重实习项目的评估与管理。酒店管理专业学生在实习过程中要撰写实习日记与实习报告，实习结束后实习酒店要对学生实习情况有评价和评语。实习指导老师要定期去实习酒店指导学生，并撰写实习指导记录情况。

4 结语

如今我国酒店业发展迅速，对于酒店管理人才的需求量非常大。为了培养适合现代酒店业发展所需要的管理人才,需要各个开办有酒店管理本科专业的高等学校不断积极探索,酒店管理本科专业人才的培养要既能满足高等学校学位教育的培养目标,又能符合学生自身综合发展的要求,并且能够满足酒店业的市场需求。因此,我们应该不断进行开拓与创新,在酒店管理本科专业实践教学体系的建设中,课程的开设应该注重与行业需要相联系,理论与实践相结合,明确实践教学目标,完善实践教学体系内容,加强校内外实践基地建设,重视实践教学体系中实践教学的评估与管理,提高学生就业的综合能力,从而满足我国酒店业对酒店管理人才的需求。

参考文献

［1］ 王丽敏. 酒店管理实践教学体系的研究［D］. 辽宁:辽宁师范大学,2007.

［2］ 陈玲. 酒店管理专业人才培养模式的创新探索［J］. 科技视界,2013(27):70-71.

［3］ 康奈尔大学主页 http://www.cornell.edu.

［4］ 彭青. 基于胜任力模型的酒店管理教育比较研究［J］. 旅游学刊,2011.

［5］ 陈玲. 加强旅游管理本科专业实践教学的措施探讨,广东特色旅游教育与区域旅游竞争力研究［M］. 广州:中山大学出版社,2015.

Exploration on Practical Teaching System of Construction in Hotel Management Undergraduate

Chen Ling

Abstract: The institutions of higher learning in the process of talent training, should carry forward the practice of the concept of education, to cultivate the students' comprehensive ability has the extremely important role. The major of hotel management is practical training, and must pay attention to the construction of practical teaching system, so that the hotel management undergraduate students to adapt to demand of the international hotel industry after the employment. This paper expounds the importance of the hotel management professional practice teaching, analyzes the problems existing in the construction of practical teaching system of the hotel management undergraduate major, to explore suitable construction ideas of practical teaching system for hotel management undergraduate majors in colleges and universities development characteristics.

Keywords: hotel management; practice teaching; construction

关于"旅游服务管理"课程教学的思考*

关新华

摘　要：作为旅游管理类专业的基础课程，旅游服务管理对学生把握整体经济发展趋势、扩宽视野具有重要的作用。本文在介绍国内外专业教材编排逻辑的基础上，提出教学内容的四大模块，并从教学互动中的三元因素，即教师、学生和学校，对提升教学效果提出了改进建议。

关键词：服务管理；旅游；课程教学

1　前言

服务渗透到我们国家每个人生活的方方面面，如住宿和餐饮服务、交通服务以及近年来不断升温的旅游服务。可以说，社会的福利建立在服务的基础上，因为对有形商品的需求是有限的，而对体验的欲望是无穷的[1]。"旅游服务管理"课程对于旅游管理、酒店管理、会展经济与管理等专业来讲，是基础课程，也是专业课的先修课程。该课程主要使学生全面地认识服务业在经济中的重要地位，服务区别于商品的特征，服务质量的独特性；理解服务中的人员管理不仅包括员工，顾客也应纳入进来；掌握服务运营中的供需平衡管理、服务流程设计和设施管理，为学生学习其他专业课程奠定基础。该课程的学习能够使学生对世界经济的发展趋势有整体的把握，影响着他们对所学专业在经济中所处位置的理解。然而纵观国内外教材，涵盖的内容十分庞杂。如何梳理课程内容，提升教学效果，是本研究希望回答的问题。

2　对"旅游服务管理"课程内容的思考

2.1　国内外专业教材简介

在服务管理领域，由美国菲茨西蒙斯著的《服务管理：运作、战略与信息技术》是专业教材中的经典奠基之作，已经出版到第 8 个版本。该书由了解服务、构建服务型企业、服务运营管理和服务管理定量模型四部分构成。第一部分以服

---

* 关新华（1985—），女，山西省离石市交口县人，讲师，管理学博士，研究方向为服务营销、服务管理。E‑mail：guanxinhua2006@126.com。

务在经济中的角色讨论开篇，考虑了服务运营的独特特征和不同分类，强调服务战略的重要性。构建服务型企业来支持竞争战略是第二部分的主题，涵盖新服务的开发、服务技术、服务质量的传递、支持设施与流程、过程改善、服务接触以及服务设施定位等内容。第三部分处理了组织的日常运营与管理问题，包括匹配服务供需的战略、排队管理、服务供应关系等。该部分还分专门章节讨论了服务全球化的重要性和服务项目管理。第四部分介绍服务管理的定量模型，是数理模型分析，包括排队模型和能力规划，服务需求的预测以及服务库存管理[1]。

比利时学者路易·格默尔和迪耶多克（2006）著的《服务管理》则采用不同的视角，将其划分为服务的本质、消费者逻辑学、服务组织的人力资源、运营管理等不同篇章[2]。在服务的本质部分，作者由服务业在当今经济发展中的重要作用，引出一个指导框架——服务理念，成为整本书的引导框架。消费者逻辑学就是围绕服务理念中的"消费者价值"而展开，囊括消费者满意度、忠诚度，服务宣传战略、服务定价、投诉管理以及服务承诺等内容。人力资源模块则是以服务理念中的"员工"为核心，探讨其在价值创造中的作用，胜任力、协作、授权、一线员工角色压力的管理等，都是企业面临的问题。在服务理念的操作系统层面对应服务理念中的"操作和技术系统"，需要强调过程设计、能力管理、服务设计和服务设施场所，并关注技术（尤其是信息技术）的作用。此外，服务理念的成功推行还需要建立绩效评估系统、管理服务创新，并从国际化和战略的高度审视服务理念。该书还提出了制造型企业服务化的演变过程。

关于服务管理问题的学术研究，在近30年才得到显著的发展，而这30年也是中国改革开放、经济腾飞、学术研究迅猛发展的30年。国内学者编写的服务管理教材，既借鉴了国际学者的经典理论，也将自己的思想融入内容中。如由丁宁（2012）主编的《服务管理》从服务经济与服务战略、构建服务企业、服务运营管理、信息技术与服务管理、扩展服务领域与创造价值等5个角度展开[3]。蔺雷和吴贵生（2008）从基础知识、服务决策管理（包括战略与创新）、服务运营管理、服务要素管理和行业服务管理五方面对服务管理的基本理论与管理方法展开阐述[4]。张淑君（2010）按战略与设计、运营与控制的逻辑顺序，系统介绍了服务战略、服务设计与开发、服务设施选址与布局、服务接触、服务供求管理、排队管理、服务质量管理、服务失败与补救、服务存货管理等实现服务管理与控制的理论及方法[5]。而即将出版的由谢礼珊等编写的《服务管理》教材，则按照服务概述、构建服务体系、服务运营管理以及服务可持续创新的思路展开，介绍服务理论和管理方法的同时，将服务主导逻辑、制造业服务化、服务创新等前沿热点问题囊括在内。不难看出，服务管理包罗万象，所有与服务相关的问题都可以归属其范畴。然而教学无法涵盖所有内容，必须突出那些与服务的本质直接相关的要素，或者在服务管理中担负重要作用的要素。因此要将服务的各个构面至于关注的焦点，其他关于职能范围或领域的问题则应交由专业课程进行解答。

2.2 教学内容的模块化思考

旅游服务管理作为旅游管理类专业的基础课程，是学生掌握专业知识技能必修的重要课程，也是学生学习专业课的先修课程。基础课程的特点在于具有比较宽厚的专业基础，有利于学生的专业学习和毕业后适应社会发展与科学技术发展的需要。因此服务管理课程的教学内容，主要以拓宽学生视野，掌握服务管理的基本理论和方法为主。如何在众多教材中归纳出合理的逻辑框架，使得学生有系统的理解，是本研究回答的主要问题。在参考国内外众多教材的基础上，笔者将课程内容分解成不同知识点，再将知识点按其属性和逻辑组合成相对独立的单元（模块），归纳出以下逻辑框架，以此为基础展开整门课程的教学。

模块一，服务的本质和服务战略。所有关于服务管理的课程都会首先阐明服务的本质，具体分为服务概述、制造与服务的融合以及服务战略三方面内容。该模块从服务经济的大背景入手，以企业在环境中的服务战略选择为落脚点。首先概括服务业在全球经济中的作用，接着阐明服务不同于商品的特征，并由此引发关于服务分类的思考。在制造与服务的融合方面，需要向学生说明"服务化"的概念，指出制造业与服务业的边界越来越模糊，服务管理也成为生产企业的一项挑战。一个有效的竞争战略对于服务业特别重要，因为其要在一个进入壁垒相对低的环境中竞争，服务战略对企业在市场中的目的和位置提供了解决方案。

模块二，服务质量管理和人员管理。该模块整合了消费者逻辑学和人员管理，具体分为服务质量管理、员工的作用与服务利润链、顾客的作用与价值共创三方面内容。服务质量是服务管理中最重要的概念之一，学生应掌握测量服务质量的科学方法和改进流程的质量控制工具；知道当顾客不满意时，企业如何通过投诉管理进行补救。由于服务是既涉及员工又涉及消费者的过程，因此企业的人力资源实践在服务运作的管理中发挥着重要的作用。学生不仅要掌握服务利润链上要素如何通过员工提高企业的收入和利润，还需理解顾客作为合作生产者所发挥的价值共创作用。本模块将服务管理领域的前沿思想，即服务主导逻辑和价值共创概念引入，使学生了解该学科的发展动态。

模块三，服务组织的运营管理，讨论如下问题：服务传递系统的能力应该有多大，如何确保有效地利用各种类型的能力资源，应该选择哪种服务过程类型，如何为一个服务设施选址和怎样设计服务设施等。具体分为服务流程设计、服务能力管理和服务设施管理三方面内容。在多数情况下，服务流程很难与服务产品区别开来，因此认识到两者相互依赖，并以这样的方式设计和管理服务流程很重要。在能力管理方面，服务企业总是面临较大的挑战，学生应掌握协调服务供给与需求来提高服务能力利用率的策略。由于服务生产和消费的同时性，消费者等候往往是不可避免的，这又涉及等候心理学和排队的问题。在服务设施管理方面，应了解服务设施如何影响消费者，着手回答如何为企业的运营单位选址，如何设计顾客接触的服务环境等问题。

模块四，服务企业的可持续发展。环境的动态变化和服务传递过程的变化性使得企业不断面临被竞争对手超越、被市场淘汰的风险，如何实现服务企业的可持续发展是本模块要回答的问题，具体包括技术与服务、服务创新和服务国际化三方面内容。技术尤其是信息技术对服务很重要，因为绝大多数服务业的信息流动量很大。学生应理解技术对服务业的重要意义，了解技术如何改变服务设计和服务传递，企业如何通过技术增加服务价值。接着，我们讨论给服务注入新活力或创新服务的过程，理解企业进行服务创新的驱动力和创新的前沿——体验创新。另一个可能有助于服务企业长期生存的方面就是其国际化经营的能力和意愿。国际化的推动力，以及服务企业在开发国际化战略时需要注意的事项是重点问题。

以上教学内容的模块设置，既包含了服务管理涉及的主要议题，如服务的本质、消费者感知的服务质量、人员管理、运营管理，以及服务国际化等；也囊括了服务管理的前沿领域，如价值共创和服务创新等。内容涵盖面广，为专业课的学习奠定了基础，但又不喧宾夺主。如员工管理强调服务带来的角色压力、授权的重要性等，与人力资源管理根据六大模块层层展开不同；消费者逻辑学关注顾客感知的服务质量和投诉管理问题，与营销管理强调STP（市场细分、目标市场和市场定位）和4P（产品、价格、渠道、促销）的侧重点又不同，也与客户关系管理重视客户价值、满意和忠诚，关系质量，以及客户关系管理系统等不同；服务国际化、战略管理又分别为国际企业管理、战略管理课程等做了铺垫。

3 对提升"旅游服务管理"教学效果的思考

类似于服务的三元组合模型（包括服务组织、接触人员和顾客三个要素），教学效果的提高离不开教学互动中的三元因素，即教师、学生和学校。在每一个关键时刻都涉及教师和学生之间的互动，双方在学校所设计的环境中扮演不同的角色。因此要想提升"旅游服务管理"的教学效果，教师、学生以及学校都需要发挥主观能动性，三因素的协同合作才能达到好的效果。

3.1 教师的角色

在当今的课堂上，教师面对的是信息化（知识经济）时代成长起来的"90后"甚至"95后"，他们从小接触电脑，人人都有智能手机，每天接收的信息广泛。如何在课堂上吸引他们的注意力，需要在教学方法和教学手段上进行优化改进。"满堂灌""填鸭式"的传统课堂教学往往难以达到目的。笔者在每学期开始，都会抽 5 分钟时间对所带班级进行一次非正式的调查，询问其对该门课程的认识和期望，从中了解学生的需求。调查发现，学生希望课堂上多案例、视频、互动。研究也发现，人们能够记住自己听到和看到内容的 50%，即课堂上采用图片、视频加讲解的方式，有助于学生保持持久的记忆。因此根据课程内容，在课堂上采用启发式、讨论式、情景式、问题式以及协作互动式的教学方法，使用案例、角色扮演和小组讨论，以及在充分利用互联网资源，在课程讲义中使用图片、视频、动画等直观性强的内容，增强课堂的活跃性和多样性，有助于教学效果的提升。

3.2 学生的角色

教学离不开学生的"学"。在服务管理领域，教育属于针对人们精神的无形活动，与艺术和娱乐、广播/有线电视等属于同一类别。然而与这些内容不同的是，良好的教学效果需要学生专注，投入较多的时间和精力。针对管理类课程，部分学生处于上课听讲，考前突击复习，过后即忘的状态。殊不知，记忆、理解和运用之间存在着逻辑关系，知识的积累和不断更新才是创造能力的基础。在教学的过程中，应该使学生理解：兴趣固然重要，但比兴趣更重要的是"坚持"。在课程的学习中是如此，在以后的工作中也是如此。正如一篇文章《兴趣不是最好的老师》中所说的，"当你入门之后，所有的学科都是有意思的，我们人类的求知欲会引领我们找到家。但是反过来，如果你看到表面的一点点枯燥就倒下了，不能投入进去，在门外晃，那么所有的学科都是没有什么意思的"。

3.3 学校的角色

学校的角色在于基础硬件设施建设和维护，良好的教学、学习氛围的营造，从而为老师教学、学生学习提供好的硬件和软件环境。基础硬件建设是教学工作得以顺利进行的基础。现在学校多采用多媒体教室，但部分设备落后，如扩音器不能正常使用，三水校区部分教室没有随身扩音器的配置，限制了教师在课堂上的行动自由等，从而影响课堂效果。与硬环境同样重要的是软环境，学校对教师的关怀与否，直接影响着专业教师队伍的稳定性，而关注学生需求则有助于社会声誉的提高。因此在资金有限的基础上完善硬件设施；关爱教师生活，提供相应的在职培训；倾听学生的声音，为其学习、科研、实践创造条件，是学校应扮演好的角色。

参考文献

[1] （美）詹姆斯·A.菲茨西蒙斯,莫娜·J.菲茨西蒙斯.服务管理:运作、战略与信息技术 [M].7 版.张金成,范秀成,译.北京:机械工业出版社,2014.

[2] （比利时）巴特·范·路易,保罗·格默尔,洛兰德·范·迪耶多克.服务管理 [M].吴雅辉,王婧,李国建,译.北京:中国市场出版社,2006.

[3] 丁宁.服务管理 [M].2 版.北京:北京交通大学出版社,2012.

[4] 蔺雷,吴贵生.服务管理 [M].北京:清华大学出版社,2008.

[5] 张淑君.服务管理 [M].北京:中国市场出版社,2010.

Several Thoughts about the Course Teaching of Tourism Service Management

Guan Xinhua

Abstract: As a basic course of tourism management major, tourism service management plays an important role for students to grasp the overall trend of economic development and widen their vision. On the basis of introduction the logic of domestic and foreign textbook, this paper puts forward the four modules of teaching contents. From the perspective of three factors in the interaction of teaching, namely teachers, students and university, suggestions are put forward to improve the teaching effect.

Keywords: service management; tourism; course teaching

关于旅游管理研究生培养模式的若干思考

张思

摘　要：笔者以一个在读研究生的视角，对高校旅游管理专业研究生培养模式进行了若干思考。从生源背景、教师队伍、课程设置、课程教学与实习就业五个方面进行分析，指出其中存在的一些问题及相应的改进策略。

关键词：旅游管理；研究生；培养模式；问题；对策

旅游业因其产业关联度高，吸纳就业能力强，是目前世界各国公认的最具活力的产业之一，大力推动了国民经济的快速发展。在这种背景下，2000年以来，我国旅游教育事业正以前所未有的速度发展，作为旅游高等教育的重要组成部分，旅游管理研究生教育规模迅速扩大，教育质量有了明显提高[1]。但旅游管理研究生人才培养同样存在一些问题与不足。

1　旅游管理研究生培养模式存在的若干问题

1.1　生源背景

旅游管理专业是一个历史比较短且综合性比较强的专业，并没有自己独立的一套学科理论和方法体系，这就造就了很多旅游管理研究生在本科阶段有着不同的学科背景，学地理的、学经济的、学管理的、学历史的，甚至学社会学、心理学的，总之是五花八门。生源的多样化给课程教学和日常管理都带来了很多问题。

非旅游管理专业出身的学生缺乏对旅游管理一些基本概念的了解，对这样一个新专业很陌生甚至排斥，需要时间去了解旅游，进入到旅游这样一个全新的学术世界里来，用旅游的视角、旅游的思维去探索世界发现问题。而旅游管理出身的学生对旅游已经有了基本的认识，他们希望在研究生阶段能对本专业知识有所升华，接触旅游最前沿，解决时下旅游中出现的新问题，而非是基础性东西的重复。这样一种由生源背景引起知识诉求不同的矛盾让授课老师在课堂教学上很是头疼，也给学校的日常管理带来了一定的影响。

1.2　教师队伍

教师是教学育人的关键，高校人才培养质量的提高离不开教师们的辛勤付出。目前，高校普遍对旅游管理专业高学历人才培养不够重视，甚至在有些高校颇受歧视与排挤，这样的一种大环境导致具备旅游管理硕士导师资格的老师数目并不多，教授级别的就更是不足了，这种教学资源的分配不均使得旅游管理专业在高校的处境甚是艰难，发展是步履维艰。

1.3 课程设置

正如前面所说，旅游管理是一个很年轻的学科，是一个包容性很强的学科，与经济学、管理学、地理学、社会学、人类学都有一定的交叉，没有一套自己独立的理论与方法，这样也就没有自己独立的课程体系。目前，很多高校把旅游管理专业作为工商管理的二级学科设在经济与管理学院，这样在课程设置上像微观经济学、企业管理学、市场营销学也被纳入到了基础学位课当中，加之一些像政治、英语等公共课，这样一周中与旅游有关的专业核心课就所剩无几了，这是目前课程体制上存在的最大问题。

1.4 课程教学

旅游管理专业历史比较短，在众多高校中都属于弱势群体。与各高校中的传统优势学科相比，在资金投入上明显存在不足。由于资金不足，专业建设必需的实训器械和实验室很多都难以落实，这样在课程教学上只能讲一些空洞的理论和方法，不能实现做中学，理论与实践相结合，也不用说课余老师带学生实地考察，真真切切地让学生感受所学知识了。此外，旅游管理专业的很多老师都是半路出家，转行而来，他们只能是边教边学，与学生一起成长，缺乏丰富的专业知识讲授经验，在课堂教学上难免存在疏漏。

1.5 实习就业

实践出真知。实践性教学是人才培养的一个重要组成部分，相比于课堂的理论教学，实践性教学组织管理的难度更大，很多高校在这方面做得都不好。一方面是为就业而就业，许多高校为了片面追求高的就业率，并不关心学生就业实习单位是否与专业相关，也不对实习过程进行追踪，只是单纯地关注那一纸就业协议，造成学生在实习过程中没有收获到很多，当然这与学生自己也有很大的关系。此外，在实习内容的选择上研究生与本科生并没有什么实质的区别，都是做着最基本性的工作，让许多研究生心生失落。

笔者通过采访××大学研究生得知，研究生实习的单位里，95%都是本科生，在工作技能上也并不输给研究生。这种现象引起了笔者的反思，对目前研生培养模式有了质疑。

2 针对旅游管理研究生培养模式存在的问题的对策

2.1 生源方面

改革开放以来，旅游产业蓬勃发展，已经成为 GDP 的一个重要组成部分，在这种背景下，对旅游业专业人才的需求，尤其是高学历人才的需求是日益增长。尽管这些年许多高校都开设了旅游管理专业，但相当部分是一些高等专科院校，还有一部分本科院校，硕士点比较少，旅游管理学科建设在知名"985"高校中还是被边缘化的专业，许多在读研究生也多半是考研不顺利被调剂到旅游管理专业的，生源背景复杂。

针对这种情况，主要有以下几点措施：首先，教育部对旅游管理学科要引起高度的重视，这是由旅游业在国民生产总值中的地位与发展前景决定的，国家一直在倡导产学研相结合，如果学科建设与科研水平严重滞后于产业发展水平，这对产业进一步发展会起到阻碍作用。其次，旅游管理学界的学者老师们要致力于旅游管理独特的理论与方法体系建设，一个学科的发展离开了自己独立的理论与方法体系，是不可能有所突破的。最后，社会和学生自己要对旅游管理专业有一个正确的认识，它是顺应时代背景产生的，尽管历史不长，但同样和传统的会计等学科一样能解决新问题，造福人类。三方面协同改进为旅游业的发展培养高水平高质量的人才。

2.2 教师队伍

教师是教学的主体，高素质的旅游专业教师队伍是培养高质量的旅游人才的前提条件和直接保障。旅游专业教师不仅要具有广博的知识，而且还必须能针对旅游业中的现实问题调整教学内容、传授先进的科研方法。目前，我国旅游专业教师很大一部分是从研究生或博士毕业后就直接从事旅游教学事业，缺乏实际的工作经验。因此，我国旅游专业师资队伍可采用多元化建设，鼓励教师在完成教学任务之外到旅游企业任职或者聘请校外名师、旅游企业家、政府官员等为兼职导师或举办讲座等。同时重视国际交流，采取"送出去，请进来"的模式，与其他国家在旅游教学领域开展多方面教学或科研的合作[2]。最后针对许多非旅游专业出身的老师应该多多涉猎旅游相关的进修，提升自己的专业水平，更好地献身于旅游管理的学科建设与人才培养中来。

2.3 课程设置

目前,高校的硕士培养都要参照国家的一些统一标准,比较死板,笔者认为这方面有待创新,毕竟研究生也就三年时间,有些课程完全可以选修和自学。很多高校把旅游管理作为工商管理的二级学科,这样也就意味着在课程安排上需要学习微观经济学、管理学这些课程,没有安排更多跟专业息息相关的课程。虽说旅游包罗万象,与这些课程也有一定的联系,但在时间有限的情况下完全可以自学。在英国一些学校旅游管理专业的研究生学制只有一年,而中国有三年(学术型),这其中的时间成本是如此之大值得我们反思。针对这种境况,笔者认为国家应该增强高校在课程设置上的自主权,有针对性地安排课程,提升学生的专业技能而非是基础性通识教育,毕竟在本科阶段学生们已经有了一定的基础。此外,学生自己也应该有意识地对课堂上不完善的部分进行资料查阅与实地考察,掌握更多跟专业相关的理论与方法。

2.4 课程教学

通过笔者自己的感受与其他高校学生的交流,发现许多高校在研究生课堂教学上与本科并无太大差异,学生对课堂缺乏兴趣,教学效果差。其中一部分原因是资金不足,对旅游硕士点的投入甚少,缺乏实验性教学场所。相当部分院校资源配置的重点仍在本、专科教育,学校对旅游管理硕士点的投入与本科教育无法相提并论,个别学校甚至出现了旅游管理专业研究生院上交学校大于学校投入的倒挂现象,实际耗用在旅游管理专业研究生教育上的人力、物力、财力等资源总量和消费水平远低于耗用在本专科教育上的培养成本[3]。对此,学校在资源分配上要秉承公平、公正的原则,不能把资源绝对倾向优势学科,要大力扶持旅游学科建设的发展,为时下蓬勃发展的旅游业打好理论基础,为解决旅游业发展中出现的新问题提供方法与建议。

2.5 实习就业

对绝大多数学生来说,寒窗苦读几十年,不过是追求一份学有所用、薪资优渥的工作,实现自己的价值。但反观时下旅游管理出身的学生的就业情况,是相当的不容乐观呀!尤其是研究生水平的人才处境相当的艰难,进企业不如专科、本科生,甚至是不如高中生。进高校,好一点的公办高校都要求博士学历,可谓是不上不下,甚是可悲。针对这种情况,笔者个人认为应该是从学校和学生两方面入手,双管齐下。在学校方面,旅游管理专业是实践性较强的专业,加强实践教学是提高人才培养质量的必要手段。因此学校在提高理论教学质量的同时,增加实践教学的时数和开拓实践教学的途径,加强与企业的联系,提高实践教学质量是重中之重的选择[4]。此外,对研究生要与本科生区别培养,有针对性地进行专业化的训练,培养他们的专业核心技能,在实践中学习。学生方面,研究生应该在掌握理论知识的前提下多实践,开阔眼界,弥补在校三年带来的工作经验的缺乏,做一个理论知识与实践技能同步发展的高水平研究生。

3 结语

本文以一个旅游管理在读研究生的视角对目前高校旅游管理硕士培养模式做了简单分析。囿于知识水平与视野限制,仍然存在许多不足的地方,甚至一些偏颇。目的只是通过实例做一个简单的思考,反映高校旅游管理硕士培养模式的不足,引起学者和社会的一些关注,为更好地建设旅游学科,解决旅游业对高水平人才的需求贡献绵薄之力,促进旅游业的进一步发展。

参考文献

[1] 王慧敏. 2000 年以来我国旅游管理专业硕士研究生教育发展综述 [J]. 辽宁教育研究, 2008 (11): 67 – 69.

[2] 凌常荣. 我国旅游人才培养模式缺陷及模式创新研究 [J]. 教育教学论坛, 2012 (10B): 162 – 164.

[3] 郭英之. 旅游管理专业研究生教育的现状、问题与发展 [J]. 社会科学家, 2003 (1): 15 – 18.

[4] 赵鹏, 王慧云. 面向 21 世纪旅游管理类专业教学内容与课程体系的改革研究 [J]. 旅游学刊, 1998 (S1): 21 – 27.

Reflections on the Postgraduate Education Mode of Tourism Management

Zhang Si

Abstract: From the perspective of a graduate student, the author makes some reflections on the cultivation model of Tourism Management major in Universities. Based on analyses of the background of students, teaching body, curriculum design, course teaching, internship and employment, the author points out some concerning problems and improving strategies.

Key words: tourism management graduate student; postgraduate education model; problem; countermeasure

我国经济新常态下旅游业发展的新态势和潜能分析

吴开军

摘　要：文章分析了我国经济新常态下旅游业呈现出"旅游地位稳步升高、旅游改革不断深入、旅游产业升级转型、旅游市场三足鼎立、旅游产品构成多元化、旅游区域一体化加强、旅游消费层次多样化、旅游管理规范化、国际旅游合作加强"九大新态势。同时从"政策、需求、旅游产业特征、旅游产业关联带动、促进经济增长的三驾马车、信息技术、旅游基础设施、旅游从业人员"等八大角度考察新常态下的旅游业具有"政策红利综合释放,引领旅游业蓬勃发展;我国公民消费能力逐步增强,休闲时间增多,旅游休闲需求大增;旅游产业资源低能耗、环境友好、生态共享的特征迎合了国家的产业发展导向;旅游产业关联度高,带动性强;旅游业兼具消费、投资、出口功能,提升潜力很大;旅游业在'互联网+'方面还有很大的提升空间;交通体系、接待设施日趋完善;从业人员素质不断提高,人员储备丰富"等八大潜能。

关键词：经济新常态；旅游业；态势和潜能

2014年12月,中央经济工作会议指出在我国进入经济增长速度换挡期、结构调整阵痛期、前期刺激政策消化期三期叠加的背景下,我国经济已进入"新常态",我国经济正在向形态更高级、分工更复杂、结构更合理的阶段演化,经济发展进入新常态,正从高速增长转向中高速增长,经济发展方式正从规模速度型粗放增长转向质量效率型集约增长,经济结构正从增量扩能为主转向调整存量、做优增量并存的深度调整,经济发展动力正从传统增长点转向新的增长点。认识新常态,适应新常态,引领新常态,是当前和今后一个时期我国经济发展的大逻辑[1]。伴随着经济新常态的出现,旅游需求也开始了悄然的变化,从单一的观光转化为多样化和深度化的旅游需求,旅游者从观光游客进一步泛化涵盖了旅游者、休闲度假者、商务旅行者等各类消费群体,旅游活动也从观光浏览泛化涵盖了景点浏览、城市旅行、文化体验、度假休闲等多元复合的各类消费形态。本文拟就经济新常态下我国旅游业发展的新态势和潜能进行分析,以便使旅游业更好地适应新常态,引领新常态,更好地迎合人民群众不断增长的对旅游和休闲的需求。

1　研究现状

习总书记于2014年5月在河南考察时首次提出经济新常态,7月在党外人士座谈会再提新常态，11月在APEC工商领导人峰会开幕式上首次全面而系统地阐释了中国经济新常态，就新常态的主要特点、发展机遇、战略举措等重要问题进行了深入的分析和论述。紧随着习总书记提出的新常态，学者对经济新常态从各个角度开展了有益的研究，张占斌等从我国经济新常态的提出背景、基本特征、思维理念、改革路径等角度进行了解读[2]；刘冰从经济增长的影响因素、新动力和宏观调控三方面研究了经济新常态与经济增长的新变化[3]；宋立分析了经济新常态与城镇化新趋势[4]；倪红日就经济新常态下的财税改革作了分析[5]。经济新常态下的旅游研究也有些成果，张凌云就我国国际旅游收支逆差方面提出适应新常态、把握新机遇、树立新观念、开拓新思路[6]；林德荣等就海峡两岸旅游比较分析了"旧常态"和"新常态"的特征，指出遵循市场规律应对两岸旅游新常态[7]；白长虹等指出经济新常态下旅游也表现出旅游产业改革新常态、旅游市场持续增长新常态、旅游消费需求升级新常态和旅游创新业态新常态，并提出新常态下国内旅游创业的智慧取向及多种模式[8]；王兴斌提出以新常态思维谋划"十三五"旅游发展思路[9]；《2014—2015中国旅游发展分析与预测》中指出中国旅游发展呈现八个新常态，一是在旅游新政方面，制度红利集中释放；二是在简政放权方面，探索治理体系创新；三是在旅游需求方面，消费分层明显加速；四是在国际旅游方面，出境入境更加分化；五是在旅游投资方面，收益风险双向累积；六是在产业竞合方面，合纵连横开放平台；七是在旅游集团方面，商业帝国呼之欲出；八是在国际地位方面，大国旅游风范愈显[10]。

从现有研究可知，伴随着我国经济新常态的出现，旅游业的发展也出现了新的变化，这些变化具有怎样的态势还需要从不同的视角进行深入的分析，这也是新常态下我国旅游业潜能的一种挖掘。

2　我国旅游业发展的新态势

中国旅游业经过35年的发展，从无到有、从小到大，实现了从短缺型旅游发展中国家向初步小康型旅游大国的历史性跨越[11]。伴随着我国经济增长速度换挡期、结构调整阵痛期、前期刺激政策消化期三期叠加出现的新常态，旅游业也出现了以下九大新的态势。

2.1　旅游地位稳步升高新态势

中央和地方各级政府及社会对旅游地位和功能的认识不断深化，20世纪80年代，旅游业被作为重要的创汇行业；20世纪90年代，国家提出把旅游业培育成为新的经济增长点，旅游业成为扩大内需的重要手段；进入21世纪，旅游业被定位为国民经济重要产业，2009年旅游业被定位为"国民经济的战略性支柱产业和人民群众更加满意的现代服务业"。经过35年的发展，中国的旅游消费能力快速增长，中国游客的足迹遍布世界150多个国家和地区，已成为世界重要的旅游客源国，中国已经形成了庞大的市场规模，国内旅游市场和出境旅游市场均为世界第一，入境旅游市场世界第三，对于世界旅游经济增长率的贡献超过了30%。目前全国有28个省区市把旅游业定位为战略性支柱产业，85%以上的城市、80%以上的区县将旅游业定位为支柱产业，旅游业成为新常态下经济增长的重要驱动力[11]。

2.2 旅游改革不断深入新态势

旅游业发展的最大机遇蕴藏在转方式、调结构之中，最大动力隐含在全面深化改革之内。一是创新旅游管理机制，不断完善横向协调机制"国务院旅游工作部际联席会议"，优化纵向联动体系"国家旅游局—地方旅游委（局）"。2014年在国家层面设立国务院旅游工作部际联席会议，创新了协调商议旅游业改革发展重大问题的机制，2015年，山东省首先开设省级的旅游工作厅局级联席会议制度。在《关于促进旅游业改革发展的若干意见》（国发〔2014〕31号）的指引下，海南、北京、云南、江西、广西、西藏六个省（自治区、直辖市）及一些市县率先设立旅游发展委员会，强化旅游统筹协调机制。二是探索旅游改革模式。综合改革试点不断涌现，政府层面主导的一批国家级旅游综合改革试点市县将会呈现。从2010年成都、秦皇岛、舟山、张家界、桂林成为首批综合旅游改革试点城市以来，目前已有省级试点北京市，副省级城市广州，市（县）级城市峨眉山市、桐乡市、延庆县共10个地方。三是不断突破旅游发展瓶颈。旅游深入发展瓶颈正在被不断突破，如旅游用地政策创新、旅游公共服务体系的完善。

2.3 旅游产业升级转型新态势

主要表现在几个方面：一是我国旅游业发展已经逐步从中小企业引领旅游业发展跨入大企业推动升级转型阶段。市场主体不再以小企业为主，大批非旅游类大型企业快速进军旅游领域，旅游产业化、集团化趋势明显，如万达旅业。二是旅游业发展进入大资本、大项目带动升级阶段，大规模社会资本进入旅游业，创新了资源形态，依靠大项目创造旅游吸引物，形成了一批几十亿、上百亿甚至几百亿投资规模的旅游大项目，创造了一批综合性旅游度假区、国际品牌酒店、大型主题公园和旅游产业集聚区。三是旅游业已经进入产业融合发展升级新阶段。旅游业与第一产业融合，催生了乡村旅游、休闲农业的全面繁荣；旅游业与第二产业融合，带动了旅游用品、旅游商品和房车、游艇、邮轮、索道、游乐设备等大型旅游装备制造业的发展；旅游业与第三产业融合，拉动了文化、信息、金融、商业、运输等服务业的发展。四是兼并收购日渐成风，内外市场双向发展升级。国内以携程、万达、京东、众信等为代表的知名企业围绕旅行和旅游服务的诸多环节加快了横向和纵向的兼并收购。同时万达、海航、复星、绿地、安邦等国内企业也加紧海外并购的步伐，天巡（Sky scanner）、Priceline 等境外企业也看重中国旅游的市场规模和巨大潜力，竞相进入[11]。

2.4 旅游市场三足鼎立新态势

改革开放之初，我国以接待入境旅游者为主，更不存在有规模的出境旅游，国内旅游也基本没有发展。经过35年的快速发展，入境旅游从1978年的180.92万人次增加到2014年的1.28亿人次，增长69.7倍，年均增长12.6%，国际旅游收入从2.63亿美元增加到565亿美元，增长213.8倍，年均增幅达到16.1%；2014年我国内地公民年出境旅游首次突破1亿人次，达1.09亿人次，是1998年的12.94倍；国内旅游从1984年约2亿人次到2014年的36亿人次，增长了17倍。国民人均出游从1984年的0.2次到2014年的2.6次，增长12倍。我国已形成了国内旅游、入境旅游、出境旅游三大市场三足鼎立的格局[11]。

2.5 旅游产品构成多元化新态势

旅游产品结构由观光为主，向观光、休闲、度假复合发展转变，出现了一批市场需求旺盛的旅游产品，也推出了一批高品位的主题公园和旅游演艺节目。"商、养、学、闲、情、奇"旅游拓展六要素其实就是旅游产品多元化的表现，"商"指商务旅游，包括商务旅游、会议会展、奖励旅游等旅游新需求、新产品；"养"指养生旅游，包括养生、养老、养心、体育健身等健康旅游新需求、新产品；"学"指研学旅游，包括修学旅游、科考、培训、拓展训练、摄影、采风以及各种夏令营、冬令营等活动；"闲"指休闲度假，包括乡村休闲、都市休闲、度假等各类休闲旅游新产品和新要素，是未来旅游发展的方向和主体；"情"是指情感旅游，包括婚庆、婚恋、纪念日旅游、宗教朝觐等各类精神和情感的旅游新业态、新产品；"奇"是指探奇，包括探索、探险、探秘、游乐、新奇体验等探索性的旅游新产品[11]。

2.6 旅游区域一体化加强新态势

区域旅游一体化是市场经济的内在要求，是旅游产业发展的必然趋势，"互联互通，旅游先通"，正在成为区域或次区域一体化的普遍规律。顺应这一规律，优化旅游产业空间布局，培育新的国家旅游品牌，促进旅游产业的快速发展成为新时期旅游发展的要求。在经济新常态下，国家层面在区域一体化上布局"一带一路"、京津冀协同发展、长三角经济带三大战略，在这个引领下，旅游主管部门将引导编制"一带一路"、京津冀、长三角旅游经济带以及浙闽赣皖、粤港澳、黄河、珠江旅游经济带、东北旅游经济圈及武陵山、大别山、罗霄山、粤闽台港澳等重点旅游经济圈规划。同时建立区域协调机制、整合资源投入、建设统一品牌等手段，集中建设一批重点旅游区和重点旅游线路，着力加强区域旅游资源合作开发、旅游产品和线路打造、旅游市场监管等方面合作，实现产业布局一体化、市场营销一体化、服务体系一体化，建设真正意义上的区域旅游目的地。

2.7　旅游消费层次多样化新态势

伴随着经济新常态，我国消费需求结构将从生存型消费向发展型消费升级，从物质消费向服务消费升级，旅游将因此成为经济新常态的亮点和发展方向，随着旅游业的发展和旅游需求的升级，除了模仿型、排浪式的大众化旅游消费，个性化、多样化的旅游消费需求也在迅速增加。传统的景区景点观光、历史文化旅游等依然备受欢迎，中医药旅游、养生保健游、体育健身游、户外探险游、工业遗产游、会展奖励旅游、研学旅行与修学旅游等也蓬勃发展，自驾车游、房车游、邮轮游艇旅游、低空飞行旅游等也不断涌现。

2.8　旅游管理规范化新态势

一是旅游局（委）管理方面，在贯彻《旅游法》过程中，治理旅游市场秩序，持续推进旅游标准化工作，进一步简政放权，并在旅游产业基金、旅游企业重组、搭建旅游投融资平台、开展旅游联合执法等方面实现突破。二是行业管理方面，支持和鼓励行业协会强化行业自律。三是在"515战略"的指导下，将有一系列的措施去规范旅游行业。

2.9　国际旅游合作加强新态势

一是广泛和世界各国建立旅游合作关系。大国间旅游合作趋势越来越强，已开展了中美旅游对话与合作、中俄旅游交流、中英旅游合作、中法旅游合作。与周边国家旅游合作也方兴未艾，如中韩、中印旅游年的举办，与泰国、印度尼西亚等国家旅游合作。积极扩大与传统友好国家和发展中国家的旅游交流合作，举办中墨旅游年、中国—中东欧旅游年活动。二是充分利用国际展会平台，如在APEC旅游部长会议、中国国际旅游交易会和世界旅游旅行大会上广泛发表来自中国的声音，传达"美丽中国"的国家品牌形象。三是跨国区域旅游合作。如2014年，"丝绸之路"申遗成功，这是我国与哈萨克斯坦、吉尔吉斯斯坦合作，并以吉尔吉斯斯坦指标共同申报。大湄公河、大图们江次区域旅游合作也在稳步推进中。四是拓展双边的旅游目的地国。到2014年底，中国公民出境旅游目的地国家和地区达151个。

3 我国旅游业发展的潜能

旅游消费既具有个性化、多样化特点，也具有传统消费热点的大规模、从众式，有时甚至是"井喷式"的特征，据测算，发达国家居民一般每年出游8次以上，而目前中国居民人均每年出游才2.6次，我国居民旅游消费潜力才刚刚开始释放，从以下八方面可知我国旅游业发展潜能巨大。

3.1 从政策角度看，政策红利综合释放，引领旅游业蓬勃发展

2009年，国务院发布了《关于加快发展旅游业的意见》（简称41号文件），2013年发布了《国民旅游休闲纲要》《中华人民共和国旅游法》，2014年发布了《关于促进旅游业改革发展的若干意见》（简称31号文件），这些是近几年国家出台的一个个促进旅游发展的纲领性文件。同时国务院旅游工作部际联席会议制度得以建立，从体制上解决综合性的旅游产业沟通管理问题。另外，文化、体育等领域也陆续出台政策，为旅游业和相关产业的融合发展营造了良好的制度环境。

3.2 从需求角度看，我国公民消费能力逐步增强，休闲时间增多，旅游休闲需求大增

根据国际规律，当人均GDP达到2000美元时，旅游将获得快速发展；当人均GDP达到3000美元时，旅游需求出现爆发性增长；当人均GDP达到5000美元时，步入成熟的度假旅游经济，休闲需求和消费能力日益增强并出现多元化趋势。2013年我国人均GDP已突破5000美元大关，北京、上海、广东等省市人均GDP已经超过10000美元。据测算，到2020年我国人均GDP将达到1.2万～1.5万美元，城镇化率达到60%，中等收入人群将达到6亿～8亿人，服务业产值达到48万～53万亿元，居民消费总额近50万亿元，跨入中等收入国家行列。这预示着我国公民出游能力大增，出游范围也更大。

3.3 从旅游产业特征角度看，旅游产业资源低能耗、环境友好、生态共享的特征迎合了国家的产业发展导向

经过30多年的发展，我国环境承载力已接近上限，能源压力巨大，因而国家层面开始推动寻求绿色低碳循环发展的新方式，而旅游业是举世公认的无烟产业，是建设生态文明最有优势、最富潜力的美丽产业。根据国家信息中心课题组初步测算，旅游业万元产值能耗约为全国单位GDP能耗的1/6和单位工业增加值能耗的1/11，是汽车业万元产值能耗的1/7、房地产业的1/5、家电业的1/7。在国家产业政策的导向下，旅游业的发展前景广阔。

3.4 从旅游产业关联带动角度看，旅游产业关联度高，带动性强

现代旅游业已经成为全要素融合，全产业链整合，跨越第一、二、三产业的现代产业集群和经济社会组织方式，对相关产业贡献不断凸显，其产业关联度相当高，带动性也强。据测算，旅游业对住宿业的贡献率超过90%，对民航和铁路客运业的贡献率超过80%，对文化娱乐业的贡献率超过50%，对餐饮业和商业的贡献率超过40%。研究表明，2007年旅游业的影响力系数为0.911489，表明旅游业与国民经济其他部门的后向关联效应较强，对国民经济的乘数推动作用显著；旅游业的中间需求率为0.323646，即32.36%的市场价值参与到生产过程中，并提供给135个部门作为中间投入，而旅游业需要81个部门的中间产品作为中间投入，可见部门间的技术经济联系紧密[12]。

3.5 从促进经济增长的"三驾马车"角度看，旅游业兼具"消费、投资、出口"功能，提升潜力很大

实际上旅游不仅是消费热点，也是投资热点、出口热点。第一，从消费拉动看，旅游休闲消费是国务院确定重点加以推进的六大消费领域之一，2013年，我国居民国内旅游总花费占居民消费支出总额的12.38%。第二，从投资拉动看，旅游投资需求大、热点领域多、潜力大，在其他领域投资乏力的情况下，全国旅游投资强劲增长，2014年全年完成旅游直接投资7053亿元，同比增长32%，比第三产业投资增速高15个百分点，比全国投资增速高16.2个百分点。未来三年，旅游直接投资将超过3万亿元，按照国际上1:5的旅游投资带动系数测算，未来三年我国旅游业将带动15万亿元以上的综合投资。第三，从出口拉动看，2013年旅游业拉动出口占当年出口的7%以上。这是由于一方面，随着我国出境

旅游的大规模快速增长，有实力的旅游企业纷纷到国外收购或改造酒店，投资建设度假设施。另一方面是出境旅游，以人员"走出去"为先导，带动对外投资、货物出口、技术出口、服务出口，掀起了服务领域新一轮对外投资和出口。

3.6 从信息技术角度看，旅游业在"互联网+"方面还有很大的提升空间

信息技术的迅猛发展，为旅游业的发展插上了腾飞的翅膀。第一，随着携程、去哪儿、同程、驴妈妈、途牛、艺龙等在线旅游网站的成功，更多的一批综合或细分市场的在线旅游网将不断涌现。第二，随着智慧旅游的进一步推进，即将开始运行的国家智慧旅游公共服务平台（12301.cn）将建成集旅游公共信息服务、文明旅游倡导、旅游企业监管、旅游市场秩序整治、旅游投诉、《全国旅游不文明记录》、《旅游企业诚信记录》、旅游目的地警示、旅游国际合作与交流、港澳台旅游合作与交流等于一体的中国旅游服务门户和综合管理平台。同时各地方和旅游企业也通过门户网站、微博、微信公众平台等开展营销和运营管理，提升竞争力。

3.7 从旅游基础设施角度看，交通体系、接待设施日趋完善

近年来我国已建成四通八达的铁路、高铁、高速公路网络，遍布沿海沿江的大型港口，拥有通达世界的航线、先进的通讯网络，人员的流动和信息的交换速度大为提高。到2013年，全国有13293家星级饭店，其中有480家外资酒店，五星级酒店729家，到2014年末，有5A级景区184家，景区、游乐场所、酒店等硬件建设不断提高，接待游客能力将大为加强。

3.8 从旅游从业人员角度看，素质不断提高，人员储备丰富

从整体来说，1990—2010年20年间，我国全部在业人口接受教育程度计算的人力资本总量增长了50%，在业人口的人均受教育年限由1990年的6.8年提升到2010年的9.1年，高中以上文化程度的人员占在业人口24%，劳动力素质大为提高[13]。2013年，旅游直接和间接就业总人数为6441万人，占全国就业总数的8.4%，其中直接从业人数为2278万，开设有旅游专业的旅游院校有1832所，在校生77.16万人，全行业整个一年在职培训总量达427.3万人次。

4 结语

在新常态下,旅游业是稳增长的重要引擎,是调结构的重要突破口,是惠民生的重要抓手,是生态文明建设的重要支撑,是繁荣文化的重要载体,是对外交往的重要桥梁。旅游业在我国经济三期叠加效应下,呈现出旅游产业独特的新态势,在认识新常态,适应新常态基础上,引领旅游新常态,充分发挥新常态下的旅游潜能。

参考文献

[1] 聚集中央经济工作会议,2014 [EB/OL]. 中国经济网, http：//www. ce. cn, 2015 - 01 - 22.

[2] 张占斌,周跃辉. 关于中国经济新常态若干问题的解析与思考 [J]. 经济体制改革, 2015 (1)：34 - 38.

[3] 刘冰. 经济新常态与经济增长的新变化 [J]. 宏观经济管理,2015 (1)：31 - 32.

[4] 宋立. 中国经济新常态与城镇化新趋势 [J]. 经济体制改革,2015 (1)：9.

[5] 倪红日. 中国经济新常态下财税改革的目标、路径以及面临的挑战 [J]. 经济体制改革, 2015 (1)：9 - 11.

[6] 张凌云. 适应新常态把握新机遇树立新观念开拓新思路——对我国国际旅游收支逆差的再认识 [J]. 旅游学刊,2015,30 (3)：5 - 6.

[7] 林德荣,贾衍菊. 新常态下的海峡两岸旅游发展 [J]. 旅游学刊,2015,30 (2)：7 - 9.

[8] 白长虹,温婧. 新常态下国内旅游创业的智慧取向及多种模式 [J]. 旅游学刊,2015, 30 (2)：3 - 5.

[9] 王兴斌. 以新常态思维谋划"十三五"旅游发展思路 [J]. 旅游学刊,2015,30 (3)： 2 - 4.

[10] 宋瑞,金准. 旅游绿皮书：2014—2015 年中国旅游发展分析与预测 [M]. 北京：社会科学文献出版社,2015.

[11] 开辟新常态下中国旅游业发展的新天地——2015 年全国旅游工作会议工作报告 [EB/OL]. 国家旅游局官网, http：//www. cnta. gov. cn, 2015 - 01 - 16.

[12] 房俊峰,赵建强. 我国旅游业的产业关联分析——基于《2007 年中国投入产出表》 [J]. 生态经济,2010 (9)：131 - 133.

[13] 蔡昉. 人口与劳动绿皮书：中国人口与劳动问题报告——从人口红利到制度红利 [M]. 北京：社会科学文献出版社,2013.

Analysis about the New Trends and Potentials of Tourism under China's New Economic Normal

Wu Kaijun

Abstract：This study analysis nine new trends of tourism under China's new economic normal. There are the steady increase of tourism status, the deepening of tourism reform, the upgrading and transformation of tourist industry, a situation of tripartite confrontation of tourist market, constitute a diversified tourism products, the regional tourism integration strengthen, tourism consumption level diversification, tourism management standardization and tourism international cooperation strengthen. At the same time, there are eight potentials from the angles of policy, demand, the features of the tourism industry, tourism industry association drive, the three carriages to promote economic growth, information technology, tourism infrastructure and tourism practitioners. The first is dividend policy of comprehensive release to lead the vigorous development of tourism industry. The second is the increasing tourism and leisure needs because our country citizen consumption ability strengthens gradually and leisure time increased. The third is the characteristics of tourism industry resources of low energy consumption, environment friendly, and eco sharing to cater to industrial development oriented of our country. The fourth is high industry association and strong impetus of tourism industry. The fifth is tourism industry including the function of consumption, investment and export and they have great potential. The sixth is the tourism industry there is still much room for improvement in the "internet +". The seventh is more and more perfect about the traffic system and reception facilities. The eighth is the quality of employees continuously improve and the rich personnel reserve.

Key words: new economic normal; tourism industry; trends and potentials

新常态下旅游管理研究生职业规划教育的对策研究

傅海英

摘　要：在经济新常态的背景下，旅游管理专业人才培养应以旅游行业需求为导向，并紧随旅游行业从旧常态转入新常态的发展趋势作调整。然而，高校研究生逐年扩招及教育质量的下滑，致使旅游管理研究生的就业竞争力日渐趋弱。解决新常态下研究生"就业难"问题，关键是要逐步探索研究生职业生涯规划教育，提升研究生的核心竞争力和综合素质。

关键词：研究生就业；职业生涯规划；竞争力

"新常态"是党的十八大以来党中央在科学分析国内外经济发展形势、准确把握我国基本国情的基础上，针对我国经济发展的阶段性特征所做出的重大战略判断，是对我国迈向更高级发展阶段的明确宣示[1]。在经济发展进入新常态背景下，旅游业也呈现出新特征，并成为新常态下新的增长点。如何更好地适应旅游业新形势和新发展、推进高等教育工作，构建促进旅游管理专业毕业生就业的灵活机动的长效机制，帮助毕业生克服和解决就业过程中的困难和问题，进而实现高校旅游管理专业研究生毕业即就业的最终目标。

1　研究生职业规划教育的内涵及意义

研究生职业生涯规划是指研究生根据对自身的主观因素和客观环境的分析，确立自己的职业生涯发展目标，选择实现这一目标的职业，以及制订相应的工作、培训和教育计划，并按照一定的时间安排，采取必要的行动实施职业生涯目标的过程。一般而言，研究生职业生涯规划是指研究生从迈入校门开始的个人职业生涯规划，是大学阶段职业生涯规划的更高层次[2]。研究生的职业生涯规划教育有利于培养研究生良好职业素质，通过引导个体进行自我认知，了解自己的兴趣爱好，进而明确自己的职业目标，做出初步的职业生涯规划，真正做到人尽其才，各得其所。

2　研究生职业生涯规划教育的现状

随着高校研究生的进一步扩招，研究生一直以来拥有的"就业优势"正逐渐失去，其就业的"优越性"和"稀缺性"正被日益增长的就业压力和竞争所代替[3]。在招生规模扩大的同时，质量存在一定的良莠不齐，甚至是滑坡，基于此，国务院学位委员会领导已经多次强调，要把研究生工作重点转移到提高质量上来。随着社会择才由学历型向能力型转变，用人单位在招聘中更为务实理性，更注重实践经验。研究生往往理论知识积淀较多，实践不足，这就容易造成研究生就业中的高不成低不就的现象。研究生就业不畅，从学校和研究生本人角度而言还存在着研究生就业工作机制滞后和学生自我规划意识淡薄两大根本问题。相较于手段多样形式丰富的本科生就业工作而言，研究生就业工作还普遍应用传统的以信息提供为主，适量就业指导为辅的工作模式，缺乏对研究生培养过程系统化全程化和人本化的认识，忽视对就业对象、就业环境行业需求、企业需求等各要素之间的联动研究。

3 旅游管理研究生生涯规划教育中存在的问题

当前，旅游管理专业研究生对职业生涯规划没有一个明确的认识，对职业生涯规划教育的需求也只是感性的，如此造成研究生在职业生涯规划中凸显出几个问题：问题一，在本专业相关行业就业的比率比较低。在就业过程中，旅游管理专业研究生调剂生占的比例大，学生对本专业认同度不高。这种情况不仅与培养理念和培养计划有关，而且与社会对服务行业的认识有关，更与服务行业发展现状有关，需要学校、企业和社会的共同努力来改变现状。问题二，缺乏专门的职业生涯辅导。就业指导过程中专业性和针对性还不足，缺少专业的就业指导人员和职业规划课程，指导人员有限，难以做到适合每个学生实际情况的针对性的指导。很多研究生在毕业前才因为不知道自己喜欢做什么，或者因为不愿做自己专业相对应的工作，或者因为对职业内容和职业环境毫无概念，或者因为缺乏理性的职业理念等问题时才求助职业生涯辅导。这时候，问题积累到一起，解决起来也非常困难。问题三，择业时盲目攀比和从众，违约情况严重。很多研究生不考虑自身实力和特点，盲目攀比，结果签约后又觉得不适合自己，违约情况严重。上述问题说明，当前研究生缺乏并迫切需要职业生涯规划教育。

4 旅游管理研究生职业规划教育的对策和建议

4.1 以职业规划教育为导向，完善研究生培养目标

旅游管理研究生职业生涯规划的目标就是实现学生"人职和谐"，这就要求学校和二级培养单位在人才的培养过程中，与时俱进，不断调整和更新研究生培养方案，注重"需求培养、分类培养"，在研究生培养全程中实施职业生涯规划教育。当前，全日制研究生教育主要以教学和科研为主，培养计划与现实差距较大，很多在校的研究生只懂书本理论，不会变通应用。因此，对旅游管理硕士研

究生，应完善以"需求培养、分类培养"为导向的人才培养目标，更加注重个性化培养与社会性需求的平衡发展，人才培养体系应更完善、更全面，人才培养目标应从"优秀"向"适合"转变。

4.2 构建全程式、分阶段、个性化的职业规划辅导模式

职业生涯规划指导工作要面向全体研究生，覆盖旅游管理专业研究生培养的全过程。第一阶段，对待刚刚入校的旅游管理研究生新生，帮助他们尽快熟悉本专业框架性知识结构，正确评估自我，准确了解自己的个性和兴趣，从而明确适合自己的组织类型和工作环境。第二阶段，逐步加深了解专业学习的目的、内容、方法及未来走向，引导他们树立职业意识，形成基本的职业认知、评价和理想进而完成个人初步职业目标设计，引导他们培养良好的职业道德和敬业精神。第三阶段，主要对待毕业班同学，帮助他们了解和掌握择业的基本技能和技巧，通过专项咨询、专家讲座、主题班会、校友座谈等方式，让毕业生了解就业形势、就业政策、就业方式和就业渠道的类型及特点，清楚求职就业程序、毕业和就业手续办理，以及有关遗留问题的处理办法等，提高学生对各类就业信息获取和分析的能力选择科学的就业渠道。同时，对毕业班研究生同学的就业情况进行摸底。准确把握学生的就业情况，摸清学生就业中存在的实际困难。建立就业困难学生人员档案，并有针对性地进行指导。在以上整个实施过程中，高校应将职业生涯规划贯穿于研究生教育的始终渗透到人才培养、课堂教学等各个环节。

4.3 导师角色作用的提升和职业规划教育指导队伍的专业化

4.3.1 导师是"学术导师"也是"生涯导师"

导师是研究生在读期间的第一责任人，是研究生在专业、学术科研、思想境界等方面的标杆，对研究生的职业生涯也起着潜移默化的重要作用，导师的角色和作用既是"学术导师"也是"生涯导师"。研究生在导师的帮助下制定自己三年的学习计划，了解本专业的前沿理论、研究方法，参与或主持自己感兴趣的、符合其职业发展的研究课题，使得研究生在校期间的学术成果和研究领域成为研究生职业发展的重要砝码。

在职业规划中，导师应经常与学生进行深入交流，不断引导研究生建立科学的职业规划意识，帮助研究生了解外部工作世界并尽快融入职业环境；在专业实践中，导师应给予研究生一定的时间适当参与社会实践活动，以促进研究生职业能力的快速提升。

4.3.2 努力建设一支相对稳定、专兼结合、高素质、职业化的师资队伍

研究生职业规划教育师资的专业化既体现在生涯教育的专业化，又体现在研究生思想政治教育的专业化。高校就业指导中心的老师，院（系）一线的研究生思政教师、专兼职辅导员，他们最熟悉和了解学生的思想动态，了解学生的专业特色、职业路径，利于个性化的生涯教育。所以应该加大院（系）教师职业生涯辅导的专业化培训力度，通过专业技术水平认证，不断提高队伍的专业水平，切实推进研究生职业生涯教育人员的专业化、职业化、专家化。

5 完善教育教学内容，开展研究生职业规划能力教育

当前很多高校针对本科生已经开设了生涯规划、职业素养、成功求职等课程，而研究生的职业生涯规划课程却极度缺乏。高校应当结合研究生办学特色、人才培养目标，制定研究生的职业规划教材并开设课程，纳入研究生培养计划，作为研究生培养的必要环节。

6 重视社会实践和企业调研在研究生职业规划教育的重要作用

学校应创造条件让研究生有实战演练的机会，为他们提前进入社会提供广泛而深入的互动平台。深化与旅游行业企业的合作，积极与企事业单位、地方政府、各类教育基地等共同建立研究生社会实践基地，建立社会实践保障体系，设立必要的研究生社会实践专项经费。研究生要结合个人专业知识和研究成果，以科研报告、技术开发和推广、挂职锻炼等形式为经济社会发展服务，并在社会实践和专业实践中受教育、长才干、作贡献，进一步提高自己的社会责任感、创新精神和实践能力。重视社会实践、专业实践和企业调研在研究生职业规划教育的重要作用，加深研究生对职业的认识、环境的适应，及时调整自己的职业生涯规划，最终达到"人职匹配"。

7 加强创业教育，开拓职业规划教育新领域

党的十八大报告明确提出，要鼓励和支持青年创业，做好研究生创业教育，将有利于培养顺应时代潮流、能够推动和加速技术创新与科技成果转化、具有创业精神和实践能力的高层次应用型人才。但从现实情况来看，研究生的创业率远

低于本、专科生，因此把创业教育融入研究生职业生涯规划教育中去是切实可行的。笔者所在的广东财经大学为鼓励研究生自主创业，在北校区专门设立了创业园。因研究生年龄阅历优势，所具备的专业领域知识，以创办智力型和知识型的公司为主，目前发展势头良好，体现了研究生的培养目标和价值。因此，作为研究生培养单位的高校应该切实重视研究生的职业生涯规划教育，建立科学有效的研究生职业生涯规划教育体系，引导研究生树立正确的择业就业价值观念，提高就业创业能力，才能有效破解研究生面临的问题[4]。

参考文献

[1] 马丽卿, 刘思萌. 新常态下旅游高等教育的创新发展探索 [J]. 管理观察, 2016 (3): 115-117.

[2] 王勋, 李钰. 高校分阶段多平台实施研究生职业生涯规划教育探析 [J]. 学位与研究生教育, 2008 (S1): 115-117.

[3] 李春根, 廖毅敏, 李建华, 等. 从就业指导到职业生涯规划教育——我国研究生就业促进之路探索 [J]. 大学生就业, 2008 (12): 28-32.

[4] 霍礼强, 方晓青, 毛丽萍. 论研究生职业生涯规划教育的意义和策略 [J]. 中国电力教育, 2011 (16): 42-44.

Strategy Research on Career Planning Education for Postgraduates Majoring in Tourism Management

Fu Haiying

Abstract: In the background of the "New Normal" economy, the cultivation model for tourism management talents should be oriented by modern tourism market demand, adjusting the training strategies to follow the transfer of travel industry from the old norm into the new norm. However, Along with university enrollment expansion and the decline of the quality of Higher Education, the employment competitiveness of postgraduates majoring in tourism management are declining. The key to employment problems is the exploration of the career planning education for postgraduates, improving the core competitive power and overall qualities of the postgraduates.

Key words: postgraduates employment; career planning education; competitive power

下编

"三能两创"学生科研成果选编

珠海市旅游形象影响因素分析[*]

陈玉培

摘　要：本文通过对相关文献的广泛阅读和研究，采用调查问卷的方法，对在珠海活动的游客及居民进行调查，并通过结合定量和定性研究方法，运用SPSS软件进行描述性统计分析、信度效度分析和因子分析，得出影响珠海旅游形象的影响因子体系，体系中包含5大影响因子和13个影响因素，并以研究结果为依据，提出对珠海旅游形象建设的几点建议。

关键词：影响因素；城市旅游形象；珠海

在知网上通过对"珠海旅游形象""珠海市形象"等关键词进行检索可以发现，对于珠海旅游形象的研究较为缺乏，珠海作为一个极具开发潜力和拥有良好生态环境的年轻的海滨城市，对其旅游形象值得研究。

1　文献综述

不同学者对旅游目的地形象（Tourism Destination Image，TDI）的概念有不同的观点，而大部分学者比较认同对旅游目的地形象的研究最早开始于20世纪70年代，由美国科罗拉多州立大学的J. D. Hunt最先提出。J. D. Hunt（1971）在其博士论文"形象——旅游发展的一个因素"中提到旅游目的地形象是人们对非居住地所持的印象，也就是说注重目的地外游客对旅游目的地所产生的主观感受[1]；Martin Selby（1996）等从游客的认识角度将旅游目的地形象中分解为原生形象和再评估形象，他们认为旅游目的地形象由这两个方面体现，"原生形象"表示的是潜在旅游者在前往目的地之前形成的对旅游目的地的感知印象，而"再评估形象"则是旅游者到达旅游目的地进行旅游之后所形成的对旅游目的地的印象[2]。也有学者处在供给方的角度对旅游目的地形象进行定义，Michael Grosspietsch（2006）在其研究中将目的地形象分为了旅游者感知形象和目的地投射形象，前者是旅游者通过自身的感知后形成的旅游目的地形象，后者为当地政府及旅游企业或旅游地居民等对外宣传目的地时所树立起的形象。国外对旅游目的地形象的研究中，更注重游客所产生的对旅游目的地的印象[3]。

---

[*] 指导教师：陈建斌。此文受到2016广东省自然科学基金项目"城市会展旅游形象市场影响重要因子系统研究——以广州、澳门为例"（2016A030313707）、广东省教育厅2015年重点平台及科研项目"城市会展旅游形象市场影响重要因子系统研究——以广州、澳门为例"（2015WTSCX032）资助。

国内对旅游目的地形象的研究最早是从旅游资源和旅游吸引物等客观角度出发，但随着研究的深入，国内对旅游目的地形象的定义逐渐往游客感知角度进行研究，如李蕊、张树夫（2002）提出的旅游目的地形象是旅游者和潜在旅游者对旅游地的总体地域性感知和主观评价，是旅游地特征在旅游者和潜在旅游者心目中的反映[4]。廖卫华（2005）对旅游目的地的概念与国外学者的概念框架相类似，其认为旅游地形象是现实和潜在旅游者（主体）对旅游地（客体）的感知，是对旅游地各要素产生的印象总和，是旅游地特征在游客心目中的反映[5]。国内对旅游目的地形象的研究早期是从资源的角度或者是从客体角度出发，但近年来开始向国外靠拢，越来越多的学者也逐渐地认同了目的地形象是旅游者主体对目的地的印象的观点。

自20世纪90年代中后期，旅游目的地形象的概念被我国学者引入，并逐渐引起学界和业界对旅游目的地形象研究的关注。对于旅游目的地的研究不仅对旅游目的地城市的发展有重要的意义，也是对城市开展旅游活动提供了有利的理论基础。珠海市城市形象的研究，大多数学者都在文献中提到珠海是一个花园式的海滨旅游城市，胡敏（2003）在《珠海度假旅游开发初探》中描述到"珠海是珠江三角洲一个很独特的城市，通达性好，地域性强，又给现代都市人完全不同的感觉。美丽的港湾、静谧的街道、舒适的生活环境、良好的生态环境和富有诗意的城市规划建设是现代都市不可多得的资源，也是度假旅游开发的好地方[6]"。何瑶（2011）在其《城市形象的媒介传播策略——以珠海为例》中也提道，珠海所展现出来的"浪漫、清新、休闲的形象被大家广泛接受[7]"；刘炳献（2012）在《面向"十二五"的珠海旅游城市定位及促销组合策略》中也说道，"珠海的碧海、蓝天、绿水、青山、浪漫、舒适等关键词已经深入人心[8]"。

最早对珠海旅游形象影响因素进行研究的是1998年王玉琳发表的《珠海市旅游形象建设初探》，她将珠海城市旅游形象分为了城市软形象（市民素质、民俗民风等）和城市硬形象（环境和资源）两个方面[9]，该文献是最早期对珠海旅游形象的研究，总体上说研究范围比较全面；对影响珠海城市旅游形象因素进行研究的还有2014年黄鹄发表的《关于珠海城市旅游形象设计的几点思考》，该文献主要是对珠海市所拥有的旅游资源进行分析，提出其对于塑造珠海城市旅游形象的建议[10]。

综上所述，在大部分学者的研究中，对珠海旅游形象的研究仅从单个方面进行，例如从媒介传播、知名度和旅游开发方面等，从单个方面研究对珠海旅游形象的影响是不够全面的；从为数不多的研究文献中，对于珠海城市旅游形象的研究主要为定性分析，多为作者的主观意识，并没有数据和必要的理论作为依据，同时大多数文献关注的仅仅只有旅游景点和节事活动对珠海旅游形象的影响，并没有系统的分类，也没有关注珠海对外营销等方面。

2　研究方法与意义

2.1　研究方法

本研究采用定性研究和定量研究混合研究方法，主要采用的研究方法有调查问卷法和因子分析法。

2.1.1　问卷法

本研究主要是对珠海市旅游形象的影响因素进行研究，通过多种影响因素中提取影响珠海城市旅游形象的主要影响因子。本研究的调查对象是在珠海市活动的居民及游客，通过随机抽样的调查方式收集了120份第一手资料，最后通过运用SPSS统计分析软件进行分析，最终提取出影响珠海城市旅游形象的重要影响因子。

2.1.2　因子分析法

因子分析主要是通过对各个变量之间的关系进行研究，将数量较多的有关系的变量归纳整理为少数的具有综合新的新因子。本研究通过调查问卷的方式收集数据，最后运用SPSS软件对16个影响因素进行因子分析。

2.2　研究意义

本研究通过使用问卷调查，让珠海旅游形象的研究更具客观性和科学性，同时为珠海旅游形象的改善提供科学合理的指导和建议，本研究有助于建设和改善珠海旅游形象，更好地提升珠海旅游竞争力。

3　问卷统计分析

3.1　问卷设计与调查取样

3.1.1　问卷量表设计

本问卷研究的目的，是为了通过调查在珠海活动的居民和游客，了解他们对珠海旅游形象的感知，以及对珠海旅游形象影响因素的评价。本问卷主要包括了调查对象信息、珠海旅游形象信息了解情况和珠海市旅游形象因素评价三个部分。

本论文调查问卷关于珠海市旅游形象影响因素的题项，主要参考了"问卷星"中来自华南理工大学的"旅游目的地形象调查问卷",同时也参考了关于城市旅游形象影响因素的文献。笔者通过阅读文献及网络相关搜索,得出对旅游形象影响因素,并进行了分类和整理,增添缺漏因素以及删除重复因素,增加开放性题项,设计出更适应本论文的调查问卷。

问卷个人信息情况包括了居住地、性别、年龄、受教育程度、月收入及常选择的旅行方式这几点,采用了封闭式与半封闭式的题项,供调查对象勾选;而在珠海市旅游形象信息部分主要了解调查对象关于珠海的了解渠道、前往目的,对珠海的整体印象以及对珠海旅游资源的知晓情况,调查者只需按照自身了解情况进行勾选;而问卷中关于珠海市旅游形象影响因素评价的部分采用了利克特五点量表,主要是对珠海市总体旅游形象以及关于影响珠海是旅游形象的16大因素进行评价,调查对象按照个人的想法进行评分,1分表示对该珠海市影响因素"非常不满意",依次满意度分级递增,5分表示"非常满意",并在这16项影响因子中勾选出最看重的几项;同时在问卷的最后,设置了关于珠海旅游形象构建的开放性题目,让调查对象发表关于对珠海旅游形象建设的建议。

3.1.2 问卷发放与回收

本研究的问卷发放对象是在珠海活动的居民及游客,发放问卷的地点选取在珠海人流较多的具有代表性的地段,包括一些旅游景点以及珠海拱北口岸广场。本次调查问卷采用的是方便抽样调查,共发放问卷120份,最终发放问卷120份全部回收,回收率100%;在回收问卷中有效问卷达118份,有效问卷率达98.3%。

3.2 数据分析处理

3.2.1 数据分析研究方法介绍

3.2.1.1 信度与效度检验

信度分析游又称为可靠性分析,是对问卷进行信度检验,表现为结果的一贯性、一致性、再现性和稳定性,信度系数是衡量测验好坏的一个重要技术指标。在众多测试信度系数的方法中,克隆巴赫系数是最常用的,信度系数 α 越接近1,测量的可靠性就越大。而通常认为,一份好的量表或问卷,信度系数最好在0.80以上,α 系数大于0.7则可以认定为可接受信度[13]。

效度用来检测研究结果是否具有正确性,一般采用 KMO(Kaiser – Meyer – Olkin)来检验样本效度,KMO 是由 Kaiser – Meyer – Olkin 提出,其值是介于0和1之间,效度值越接近1,说明变量之间共同因素越多,因此适合进行因子分析,而一般要求 KMO 值大于0.7就比较适合做因子分析,KMO 值低于0.5是则不适合做因子分析[13]。

只有具备了合适的信度和效度，才能说明研究具有合理性和科学性。

3.2.1.2 因子分析

因子分析，就是用少数几个因子来描述许多指标或因素之间的联系，用较少几个因子反映原有资料的大部分信息的多元统计分析方法。在大多数情况下，多个因素之间是存在一定的相关关系的，通过因子分析，可以找到相关的因素并将这些相关因素进行合并，最后既可以反映原始资料情况也能使得影响因素得到数量上简化[21]。

3.2.2 描述性统计分析

3.2.2.1 调查对象基本信息分析

表1 调查对象基本信息描述性统计（$n=118$）

个人因素	类别	频数	百分比（%）
居住地	珠海	78	66.10
	广东省（除珠海外）	32	27.12
	其他省份	6	5.08
	港澳台地区	2	1.69
性别	男	50	42.37
	女	68	57.63
年龄	低于18岁	1	0.85
	18～30岁	71	60.17
	31～50岁	39	33.05
	超过50岁	7	5.93
受教育程度	初中及以下	2	1.69
	高中/中专	33	27.97
	大专	33	27.97
	本科	49	41.53
	研究生及以上	1	0.85
平均月收入	1500元及以下	20	16.95
	1501～3000元	27	22.88
	3001～4500元	25	21.19
	4501～6000元	25	21.19
	6001元及以上	21	17.80

资料来源：笔者，2015。

在方便抽样调查的 118 位调查对象中，绝大多数都居住在广东省内，其中在珠海居住的被调查者占了总体的 66.1%；被调查者中男女比例分比为 42.4% 和 57.6%，女性稍多男性；本次调查对象的年龄层主要在 18～50 岁之间，调查对象以青年和中年人为主，占据了总体的 93.3%；受教育程度上本科人数较多，占了总体 41.5%，其次是高中/中专和大专，各占 28%；从人均月收入看，大多数被访者月均收入在 1501～6000 元之中，属于中等收入家庭，占总体的 65.3%，不过各收入层次的受访者比例相差不大（见表1）。

表2　旅行方式频率描述性分析

旅行方式	N	百分比（%）	个案百分比（%）
朋友	73	35.96	61.86
家人	84	41.38	71.19
商务客人	4	1.97	3.39
独自	20	9.85	16.95
同事	22	10.84	18.64

资料来源：笔者，2015。

本次调查样本超过一半人的旅游出行会选择与朋友或家人陪同，少数人则会选择与同事出行或独自一人旅游，在被调查的 118 人中，仅有 4 人经常旅行是因为商务原因（表2）。

3.2.2.2　珠海旅游形象信息与旅游资源信息分析

在本次调查样本中，78.8% 的受访者认为游览前后对珠海的印象是一致的，也有少部分认为不太一致；88.1% 的被调查者表示会推荐亲朋好友前往珠海旅游。

表3　旅游目的及了解渠道的频率描述性分析

题目内容	选项	N	百分比（%）	选项百分比（%）
在珠海旅游的目的有？	游览观光	73	35.61	61.86
	购物娱乐	29	14.15	24.58
	商务会议	4	1.95	3.39
	休闲度假	82	40	69.49
	其他	17	8.29	14.41
	总计	205	100	173.73

（续上表）

题目内容	选项	N	百分比（%）	选项百分比（%）
你是如何了解到珠海这座城市的？	旅行社	20	8.66	16.95
	旅行手册/旅行指南	15	6.49	12.71
	航空公司	1	0.43	0.85
	电视、电影、广告	33	14.29	27.97
	网络	36	15.58	30.51
	家人朋友推荐	77	33.33	65.25
	书籍、报纸、杂志	21	9.09	17.80
	以往的旅游经验	28	12.12	23.73
	总计	231	100	195.76

资料来源：笔者，2015。

旅游者来珠海的主要的目的是休闲度假和游览观光；65.3%的受访者是由家人朋友推荐了解珠海的，也有不少的受访者会通过电视等媒体、网络以及之前到珠海旅游的经验产生对珠海的认识和了解（见表3）。

表4 珠海旅游景点及节事活动知晓度前十位

旅游资源项目	N	百分比（%）
珠海渔女	105	88.98
圆明新园	95	79.83
情侣路	91	77.12
横琴长隆度假区	88	73.95
海滨公园	83	70.34
梦幻水城	82	68.91
外伶仃岛	79	66.95
淇澳岛	79	66.39
东澳岛	78	66.10
珠海国际沙滩音乐节	77	64.71

资料来源：笔者，2015。

珠海旅游景点和节庆活动知晓度排名前10的项目中，珠海渔女、圆明新园、情侣路、海滨公园比较突出；横琴长隆度假区是近年珠海发展的新目标，受到大多数人的关注；外伶仃岛、淇澳岛、东澳岛和沙滩音乐节是属于珠海最具知晓度的旅游海岸资源，海岛和沙滩是珠海重要组成部分（见表4）。

表5 对珠海的总体印象和最满意的因素

题目	选项	N	百分比（%）	个案百分比（%）
您对珠海的总体印象有哪些？	环境优美、干净整洁	98	32.78	83.05
	空气清新、生态良好	93	31.10	78.81
	人文浪漫、幸福之城	60	20.07	50.85
	海上云天、百岛之市	48	16.05	40.68
珠海旅游形象中，您最满意的是？	城市氛围与宣传	70	59.32	59.32
	旅游配套设施设备	32	2.71	27.12
	旅游节事与资源	16	13.56	13.56

资料来源：笔者，2015。

在珠海总体印象中，绝大多数人对珠海生态环境表示十分认可，认为珠海"环境优美、干净整洁"的人占了总人数的83.05%，认为"空气清新、生态良好"的人占所有受访者的78.81%；而在珠海旅游形象的三个方面，超过半数的被调查者最满意珠海城市氛围与宣传，访问了个别受访者发现，大家主要是人认可珠海舒适、慢节奏和轻松的城市氛围（见表5）。

3.2.3 信度和效度检验

本研究问卷的统计上，在118为受访者中，对16个影响珠海旅游形象的因素重要性方面的α系数为0.953（见表6），具有较高的信度。

表6 影响珠海旅游形象的影响因素可靠性分析

Cronbach's Alpha	项数
.953	16

资料来源：笔者，2015。

本研究对因子分析得到KMO值为0.760（>0.7），说明本问卷中的16个影响珠海旅游形象的因素适合采用因子分析的方法处理；并且巴特利特球体检验中的显著性概率为0.000，小于1%，说明数据相关阵具有相关性，不是单位阵，也说明该统计的结果适合做因子分析（见表7）。

表7 KMO和Bartlett的检验结果

KMO样本测度		.760
Bartlett的球形度检验	近似卡方分配	450.279
	自由度df	120
	显著性概率Sig.	.000

资料来源：笔者，2015。

3.2.4 因子分析

本研究中，珠海市旅游形象影响因素统计样本的 KMO 值为 0.760，巴特利特球体显著性概率检验为 0.000，因此可以对着 16 项影响因素进行因子分析。具体的数据处理过程如下：

通过运用 SPSS 软件对 16 个影响因素进行因子分析，得到旋转后的因子负荷矩阵（见表8）和碎石图（见图2）。

表8 旋转因子负荷矩阵

测量因素	主因子				
	1	2	3	4	5
城市居民友好程度	.182	.280	.346	.243	-.623
城市及景区宣传力度	.113	.023	.736	.235	.041
旅游信息流畅性	.225	.097	.804	-.063	.104
旅游氛围满意程度	.281	.649	.187	.125	-.019
住宿接待设施	.848	.111	.070	-.106	.201
餐饮接待设施	.706	.257	-.028	.394	.086
导游服务设施	.521	.089	.309	.295	-.139
交通与通讯设施	.184	.399	.134	.363	-.095
景区附近配套设施	-.065	.100	.463	.526	.003
大型购物中心	.124	.487	.067	.249	.385
历史名胜古迹	.030	.827	-.098	.045	-.112
生态环境资源	.594	.068	.138	.112	-.037
人造景区景点	.011	.508	.364	.042	.481
节事娱乐活动	.175	.014	.069	.753	-.007
风情民俗文化活动	.147	.316	.045	.662	.191
旅游纪念品特色	.208	.000	.299	.209	.589

资料来源：笔者，2015。

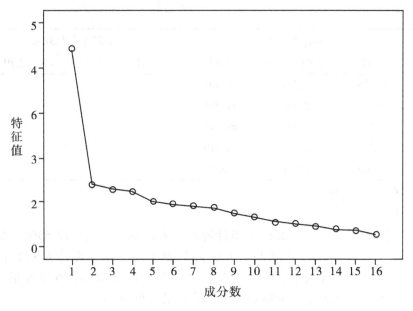

图2 主要影响因子表现特征值的碎石

资料来源：笔者，2015。

在这16个影响珠海旅游形象因素经过因子分析，最后得到5个主因子，且各主因子的负荷值均在0.5以上，说明5个主因子有意义（见表8）。碎石图中反映出5个特征值大于1，从第5个以后开始下降，可以表明这5个主成分可以代替所有指标（见图2）。

表9 累计解释方差

成分	初始特征值			旋转平方和载入		
	合计	方差的（%）	累积（%）	合计	方差的（%）	累积（%）
1	4.416	27.598	27.598	2.167	13.544	13.544
2	1.396	8.723	36.322	2.048	12.799	26.342
3	1.283	8.022	44.343	1.938	12.111	38.454
4	1.227	7.672	52.015	1.925	12.033	50.487
5	1.009	6.309	58.324	1.254	7.837	58.324
6	0.956	5.975	64.298			
7	0.905	5.658	69.956			
8	0.865	5.408	75.364			
9	0.751	4.694	80.058			
10	0.672	4.202	84.26			
11	0.536	3.352	87.612			

(续上表)

成分	初始特征值			旋转平方和载入		
	合计	方差的（%）	累积（%）	合计	方差的（%）	累积（%）
12	0.525	3.281	90.893			
13	0.449	2.808	93.701			
14	0.375	2.344	96.045			
15	0.364	2.274	98.319			
16	0.269	1.681	100			

提取方法：主成分分析。

资料来源：笔者，2015。

根据吴明隆的研究，公共因子累计解释方差占总方差百分比 50% 是最低可接受水平[22]，本研究特征值大于 1 的公共因子有 5 个，累计方差解释率达 58.324%，符合解释率要求，这 5 个提取的主要因子可以代替 16 个变量，涵盖原始变量接近六成的信息，能够解释大部分变量（见表 9）。

表 10 因子分析及信度检验结果

主要影响因子	所含关键指标变量	因子负荷量					α 系数
		1	2	3	4	5	
A	住宿接待设施	.848					
	餐饮接待设施	.706					.846
	导游服务设施	.521					
	生态环境资源	.594					
B	旅游氛围		.649				
	历史名胜古迹		.827				.858
	人造景区景点		.508				
C	城市及景区宣传力度			.736			.861
	旅游信息流畅性			.804			
	景区附近配套设施			.526			
D	节事娱乐活动				.753		.841
	风情民俗文化活动				.662		
E	旅游纪念品特色					.589	.821
累计解释变异		58.324%					.953

资料来源：笔者，2015。

对 5 个主要因子进行信度检验也可以发现，分量表的各主成分 α 系数均大于 0.8（表 3.10），说明调查数据可以被使用（表 10）。最后，笔者将各因子分别命名为"旅游质量因素"、"城市人文因素"、"对外影响力因素"、"节庆与活动因素"及"城市旅游纪念品",这5个主要因子对珠海旅游形象的影响重大,在此构建珠海市旅游形象影响因子体系(表11):

表11 珠海市旅游形象影响因子体系

珠海旅游形象的影响因子体系	
主因子	构建主因子的项目
旅游质量因素	住宿接待设施
	餐饮接待设施
	导游服务设施
	生态环境资源
城市人文因素	旅游城市氛围
	历史名胜古迹
	人造景区景点
对外影响力因素	城市及景区宣传力度
	旅游信息流畅性
	景区附近配套设施
节庆与活动因素	节事娱乐活动
	风情民俗文化活动
城市旅游纪念品	旅游纪念品特色

资料来源:笔者,2015。

3.3 问卷开放性题项分析

调查问卷共设计了关于"珠海城市政府工程的影响"及"对珠海旅游形象发展建议"两道开放题项。有25人提出了对珠海近年政府新工程的想法,其中11人(44%)认为这些工程有利于提高珠海文化内涵,弥补珠海文化软件的缺乏,也有人认为能提升珠海知名度、基础设施更齐全;有38人对珠海旅游形象发展提出了建议,有13人(34.21%)建议珠海的基础设施应该继续加强,包括游玩设施、休闲设施、交通设施等,有9人(23.68%)提及加大对珠海旅游形象的宣传力度。

4 珠海市旅游形象影响因素的研究结果讨论

(1)游览观光和休闲度假是珠海旅游的主要形式,珠海旅游景点多为观光景点,而休闲度假区是近年发展的热点,珠海城市生态环境优美和城市休闲氛围也得到大多数人认可。

（2）珠海城市旅游的宣传主要通过熟人口碑宣传，尽管近年来网络发展迅猛，但对珠海旅游宣传上没有起到明显的促进作用，珠海对外旅游信息宣传力度有待提高，网络及传统媒体对珠海城市旅游方面进行宣传的发展空间很大。

（3）运用 SPSS 软件进行因子分析，得出"旅游质量因素"、"城市人文因素"、"对外影响力因素"、"节庆与活动因素"以及"城市旅游纪念品"5 个主要影响因子，构建了对珠海旅游形象影响主因子体系，在这个体系中包含 5 个影响因子和 13 个影响因素。

（4）作为新兴旅游城市，珠海文旅游化内涵有待提高，旅游配套设备也需要进一步完善，新政府工程建设对珠海旅游形象影响是积极的。

5 珠海旅游目的地形象发展建议

（1）继续加大对珠海的文化软基础建设。

对珠海图书馆、博物馆的建设应该加大力度，促进居民素质建设；对现有的古遗址、遗迹，以及名人故居、古村落，可以通过构建影音资料进行宣传，同时旅游纪念品也能很好地体现珠海文化形象。珠海作为新兴旅游城市，不仅需要有现实旅游资源作为支撑，也需要有文化软基础来丰富文化内涵。

（2）提升珠海旅游服务部门的质量，完善旅游设施建设。

旅游质量是稳定吸引旅游者的重要因素，珠海旅游形象的提升也需要加大力度改善和提高游乐设施，增加体验型游玩项目；服务也需要有品质保证，珠海各部门可以通过创建特色服务，吸引旅游者；同时，交通设施建设也需要加强，改善珠海城市内部和外部交通流畅性。

（3）加大珠海旅游形象的对外营销，同时保护好珠海良好的生态环境。

在珠海每年一度的沙滩音乐派对和航展的举办，正是宣传珠海的良好时机；政府还可以打造有创新性的珠海旅游城市宣传活动，例如可以举办"珠海印象"视频大赛等；此外，珠海生态环境受到人们高度认可，保护好珠海良好的生态旅游环境是很重要的部分，这方面珠海政府对珠海环境的保护和控制是值得肯定的，要继续保持，让珠海以生态优美、干净整洁的良好形象一直维持下去。

6 研究局限与研究展望

6.1 研究局限

本研究受到人力条件和时间条件限制，因此研究尚存在有不足，研究局限主要有以下几点：

（1）由于人手与时间的限制，样本量不够大，且只能做到方便抽样。

（2）本研究具有针对性，主要是针对珠海这类旅游潜力大，但旅游业发展还不完善的城市进行，因此本研究适用性存在局限。

6.2 研究展望

鉴于笔者能力和资源的有限性，本文仅是探索性研究，将来可进一步做验证性研究。在调查样本的选择上，如果有条件的话，可以采取随机抽样，增强样本的代表性，这样得出的研究结果更具参考性。

参考文献

[1] Hunt, John D. Image as a Factor in Tourism Development [J]. Journal of Travel Research, 1975, 13 (3): 1-7.

[2] Martin Selby, Nigel J Morgan. Reconstructing place image: a case study of its role in destination market research [J]. Tourism Management, 1996, 17 (4): 287-294.

[3] Michael Grosspietsch. Perceived and projected images of Rwanda: visitor and international tour operator perspectives [J]. Tourism Management, 2006, 27 (2): 225-234.

[4] 李巍, 张树夫. 旅游地形象认知心理分析与测评 [J]. 地理与地理信息科学, 2007, 23 (3): 92-95.

[5] 廖卫华. 旅游地形象构成与测量方法 [J]. 江苏商论, 2005 (1): 140-142.

[6] 胡敏. 珠海度假旅游开发初探 [J]. 特区经济, 2003 (9): 45-47.

[7] 何瑶. 城市形象的媒介传播策略——以珠海为例 [J]. 新闻知识, 2011 (1): 39-41.

[8] 刘炳献. 面向"十二五"的珠海旅游城市定位及促销组合策略 [J]. 商场现代化, 2012 (23): 104-105.

[9] 王玉琳. 珠海市旅游形象建设初探 [J]. 中山大学研究生学刊：自然科学版, 1998, 19 (3): 51-58.

[10] 黄鹄. 关于珠海城市旅游形象设计的几点思考 [J]. 福建建筑, 2014 (1): 88-89.

[11] 李宏. 旅游目的地形象测量方法与应用研究 [M]. 天津：南开大学出版社, 2010.

[12] 田大江. 城市旅游形象定位及其影响因素研究——以北京市为例 [M]. 北京：旅游教育出版社, 2013.

[13] 张玉婷. 虚拟社区评论对旅游目的地形象影响因素研究 [D]. 湖北：华中科技大学, 2013.

[14] 李根, 段文君. 基于 IPA 的桂林旅游目的地形象游客感知分析 [J]. 中南林业科技大学学报. 2014, 8 (3): 1-5.

[15] 程金龙, 王发曾. 旅游形象的影响因素与塑造策略 [J]. 经济地理, 2009, 29 (10): 1753-1758.

[16] 王纯阳, 黄福才. 基于 SEM 的旅游目的地形象影响因素研究——以张家界为例 [J]. 经济管理, 2010 (3): 92-100.

[17] 刘利宁. 智慧旅游因子分析评价与对策研究 [D]. 山西：太原理工大学, 2013.

[18] 周年兴，沙润．旅游目的地形象的形成过程与生命周期初探［J］．地理学与国土研究，2001，17（1）：55-58．

[19] 文春艳．浅析成都旅游目的地形象及其影响因素［J］．商场现代化，2012（17）：56-58．

[20] 苏宁．城市旅游形象再定位关键因素研究［D］．浙江大学，2007．

[21] 陈欣，刘新平．来华旅游影响因素的因子分析［J］．西安文理学院学报，2009，1（12）：1-4．

[22] 吴明隆．问卷统计分析实务——SPSS操作与应用［M］．重庆：重庆大学出版社，2010．

[23] 苏亚云．景区吸引力、游憩体验、满意度与忠诚度的关系分析——基于闽侯乡村旅游景区的实证研究［D］．福建师范大学，2014．

[24] Markin R. Consumer Behavior：A Cognitive Orientation［M］．New York：Macmillan，1974．

[25] Chon KS. The Role of Destination Image in Tourism：A Review and Discussion［J］．The Tourist Review，1990，45（2）：2-9．

[26] Baloglu S, Brinberg D. Affective images of tourism destinations［J］．Journal of Travel Research，1997，35（4）：11-15．

[27] 李晟．旅游目的地形象营销研究［D］．武汉：武汉大学硕士论文，2005．

[28] 雷宇．近5年国内外旅游目的地形象研究进展与比较［J］．石家庄学院学报，2013，15（6）：66-71．

[29] 郭英之．旅游感知形象研究综述［J］．经济地理，2003（2）：280-284．

[30] 王磊，刘洪涛，赵西萍．旅游目的地形象的内涵研究［J］．西安交通大学学报，1999，3（1）：25-27．

[31] 白凯，孙天宇，谢雪梅．旅游目的地形象的符号隐喻关联研究——以陕西省为例［J］．资源科学，2008，8（8）：1184-1190．

[32] 周娟．旅游感知形象与旅游地形象塑造［J］．桂林旅游高等专科学校学报，2007（3）：353-247．

[33] 程金龙，吴国清．我国旅游形象研究的回顾与展望［J］．旅游学刊，2004（2）：92-96．

[34] 秦衍，陆林．2010年上海世博会对上海市旅游形象影响研究——基于安徽旅游者的认知评价分析［J］．安徽师范大学学报，2012，3（2）：182-187．

[35] 于海波，吴必虎，卿前龙．重大事件对旅游目的地影响研究——以奥运会对北京的影响为例［J］．中国园林，2008（11）：22-25．

[36] 杨永德，白丽明．旅游目的地形象概念体系辨析［J］．人文地理，2007（5）：94-98．

[37] 张海霞，阎顺，张旭亮．区域旅游形象主导因子的提取程序之探讨——以乌鲁木齐市为例［J］．干旱区地理，2004，27（1）：80-83．

[38] 李宏．旅游目的地形象测量的内容与工具研究［J］．人文地理，2007（2）：48-52．

[39] 刘国华，王红国．旅游目的地形象测量：基于国外文献的研究［J］．旅游学刊，2010（6）：83-87．

[40] 臧德霞，黄洁．国外旅游目的地形象研究综述——基于Tourism Management和Annals of Tourism Research近10年文献［J］．旅游科学，2007，12（6）：12-19．

[41] 陶玉国，赵会勇，李永乐．基于结构方程模型的城市旅游形象影响因素测评［J］．人文

地理，2010（6）：125 – 130.

[42] 叶晓滨. 大众传媒与城市形象传播研究 [D]. 武汉：武汉大学，2010.

[43] 刘智兴，马耀峰，李森，等. 基于游客感知认知的北京市旅游形象影响因素评价研究 [J]. 干旱区资源与环境，2015，29（3）：203 – 208.

[44] 舒伯阳，袁继荣. 政府主导与旅游目的地形象推广研究 [J]. 桂林旅游高等专科学校学报，2003，10（5）：51 – 53，67.

[45] Statia Elliot, Nicolas Papadopoulos, Samuel Seongseop Kim. An Integrative Model of Place Image: Exploring Relationships between Destination, Product, and Country Images [J]. Journal of Travel Research, 2011 (5): 520 – 534.

[46] John L. Crompton. An Assessment of the Image of Mexico as a Vacation Destination and the Influence of Geographical Location Upon That Image [J]. Journal of Travel Research, 1979, 1 (18).

[47] Asli D A Tasci, William C Gartner. Destination Image and Its Functional Relationships [J]. Journal of Travel Research, 2007 (5): 413.

[48] Robert Govers, Frank M Go, Kuldeep Kumar. Promoting Tourism Destination Image [J]. Journal of Travel Research, 2007, 8 (15): 15 – 23.

[49] 陈倩. 基于受众感知的旅游目的地形象构成要素分析 [J]. 特区经济，2014，1：157 – 161.

[50] 马明. 熟悉度对旅游目的地形象影响研究——以泰山为例 [J]. 旅游科学，2011，4 (2): 30 – 38.

Research on Principal Factors Influencing Zhuhai Tourism Destination Image

Chen Yupei

Abstract: Based on literature review, questionnaire has been designed to conduct survey on Zhuhai Tourism Destination Image. With combination of qualitative and quantitative methods and SPSS, descriptive analysis, Validity and factor analysis has been conducted to find the factor system influencing Zhuhai Tourism Destination Image, which includes 5 principal factors and 13 variables. Based on the research findings, the author puts forward several suggestions on the construction of Zhuhai Tourism Destination Image.

Key words: Principal factor; Urban tourism destination image; Zhuhai

顾客价值共创程度的影响机制研究[*]

叶永青

摘 要：传统观念认为，价值是由生产者创造的。这种观念在很长一段时间很好地适应了人类社会的发展。然而在新世纪，传统的价值创造观点已经不再适用，新时代的消费者使得旅游企业不能再像以往那样进行单向思考和采取单边行动，而是要与消费者共同生产价值。这迫使我们重新去审视传统的以企业为中心的价值创造体系。因此，研究新时代的价值创造体系显得非常重要。本研究探讨顾客价值共创程度、顾客信息质量、顾客获得的经济价值和个性化服务这几个因素之间的关系。通过对广州旅行社员工的问卷调查，对数据进行回归分析，发现顾客价值共创程度对顾客获得的经济价值和个性化服务具有正向的影响，顾客信息质量对顾客获得的经济价值和个性化服务具有正向的影响。研究结论对旅游产品生产者提供了启示。

关键字：价值共创；顾客信息质量；经济价值；个性化服务

1 前言

伴随着科技的高速发展，社会正在悄悄地发生着深刻的变革。在 21 世纪的经济中，出现了一种悖论：消费者拥有越来越多的选择，却仅有较低的满意水平；高层管理者具有更多的战略选择，却只能产生较小的价值[1]。对于旅游业而言，旅游产品正在朝多样化的方向发展，然而多样化的旅游产品并不能总是给消费者带来好的消费体验。从旅游消费者的角度来说，今天的旅游消费者从彼此孤立到联系在一起，从无知到见多识广，从被动到积极主动。由于移动通信的高速发展以及普及，消费者以前所未有的高速度和低成本获得大量的信息，通过这些大量的信息可以做出更精明的选择。传统观念认为，旅游产品的价值是由生产者——旅游企业创造的，但是新时代消费者的出现，使旅游企业不能再像以往那样进行单向思考和采取单边行动，而是要与消费者共同生产价值，因为旅游商品价值不再只是由旅游企业创造然后与消费者进行交换的东西，而是消费者与企业共同创造的网络系统，是一个双向互动的过程。以企业和产品为中心的传统价值观正在被一种个性化体验和协作共创的价值观快速替代[2]。这里出现的情形，迫使我们重新去审视传统的以企业为中心的价值创造体系。在过去的一百年时间里，

---

[*] 指导教师：关新华。本研究受到广东省自然科学基金博士科研启动项目"客户知识分享的影响因素与作用研究——以高接触服务行业为例（2014A030310317）"的资助。

虽然上述体系一直都能很好地发挥作用，但现在我们需要的是新的价值创造参照体系。于是，旅游企业与顾客共同创造价值的思想出现了。

价值共创思想自 2004 年提出以来已经引起了一定的关注，但是长久以来人们对于它的重视程度一直不高，以至于其发展速度缓慢。在经济高速发展的今天，传统的价值共创体系显然已经不再适用，新的价值创造体系即价值共创体系的重要性日益提高。目前学术界对于价值共创理论的研究尚处于早期阶段[3]，绝大多数偏向于质性分析而缺乏实证研究，而且所涉及的领域较少，这使得价值共创理论缺乏实证依据的支持。将价值共创理论应用于旅游领域中的文献并不多见，更缺乏顾客参与旅游产品价值创造过程中的内在作用机理的理论探讨和实证研究。因此本文以旅行社员工为切入点，通过对旅行社员工的调查，进行价值共创理论的探讨及内在作用机理的研究。主要围绕以下几方面展开：首先研究与顾客互动的旅行社员工，了解顾客参与价值共创的程度如何，以及顾客价值共创程度对顾客信息质量的影响；其次研究顾客价值共创程度对其获得经济价值以及个性化服务的影响；最后研究顾客的信息质量对其获得经济价值以及个性化服务的影响。

2 文献综述

2.1 价值共创理论起源

20 世纪 90 年代，价值共创理论由 Prahalad 和另一位管理巨擘 Hamel 共同提出。价值共创思想最早可以追溯到 19 世纪的服务经济学研究文献[4]。比如 Storch 于 1823 年在研究服务业对经济的贡献时曾经指出，服务过程需要消费者与生产者之间的合作。这一观点暗藏了价值由生产者与消费者共同创造的思想[5]。Fuchs（1968）在研究服务经济和服务产业重要性时指出，消费者作为生产过程的合作因素，它会对生产效率产生重要的影响，生产效率在很大程度上与消费者的知识、经验、动机和诚实程度有关[6]。20 世纪 60 年代，经济学诞生了一个理论——消费者生产理论，这个理论突破了消费者对价值创造贡献仅局限于服务经济的观点，以经济学的方式阐述了更一般的消费者价值创造作用。根据这个理论，生产者生产的任何产品都不能直接满足消费者所有的需要，消费者的需要必须通过消费者自己对产品价值的再创造才能满足。从这个角度来说，价值是由消费者与生产者共同创造的。

2.2 价值共创理论的发展

价值共创是一个新兴理论，尽管在 19 世纪就出现了这种思想，但是被广泛关注也只是最近十年的事情。从19世纪到现在，该理论发展成了两个流派，其中之一是由Prahalad和Ramaswamy（2005）提出的基于消费者体验的价值共创理论[7]，另一个是Vargo和Lusch（2004、2008）提出的基于服务主导逻辑的价值共创理论[8][9]。

Prahalad和Ramaswamy提出的基于消费者体验的价值共创理论的基本观点可以概括为企业与消费者共创价值的核心是消费体验，它们的互动是价值共创的基本实现方式。价值共创不是生产者取悦消费者的手段，也不是消费者通过参与为生产者创造价值，它们是互取所需的过程。Vargo和Lusch提出的基于服务主导逻辑的价值共创理论认为，共同创造的价值并不是交换价值，而是消费者在消费过程中实现的使用价值，是消费者在使用产品和消费服务的过程中通过与生产者的互动创造的。在该逻辑下，价值的共同创造发生在消费者消费产品的时候，共创价值是生产者通过提供产品与消费者消费产品的价值的综合。

3 研究设计

本文研究顾客价值共创程度、顾客信息质量和顾客获得的经济价值、个性化服务之间的关系。其中，顾客价值共创程度指顾客参与旅游产品生产活动的程度，顾客信息质量指顾客提供信息的质量，顾客获得的经济价值指顾客获得高质量的能满足其需求的旅游服务，顾客获得的个性化服务指顾客获得专门为其开发的高度个性化的旅游服务。研究模型如图1所示。

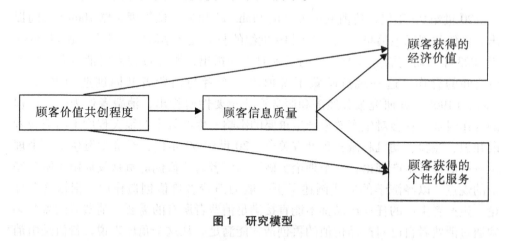

图1 研究模型

顾客共同创造的程度越高说明顾客参与产品生产的程度越高，即顾客提供的信息越多。信息的准确性、一致程度等也会相应提高，因此提出假设H1。

H1：顾客价值共创程度与顾客信息质量存在正相关。

顾客信息质量影响着顾客与企业的信息对称程度。当顾客提供的信息质量越高，越有助于企业了解其需求，进而提供满足这些需求的服务，该服务的质量也越高。即顾客能获取更高的经济价值和更好的个性化服务。因此，本研究提出假设 H2 和 H3。

H2：顾客信息质量与顾客获得的经济价值存在正相关。

H3：顾客信息质量与顾客获得的个性化服务存在正相关。

在新型的旅游企业服务中，顾客和企业是紧密联系的。一个旅游服务项目的成功实施需要他们的共同完成，即价值是共同创造的。当顾客的价值共创程度越高，顾客越能获得经济上的价值，企业也能为顾客提供更加个性化的服务。因此，本研究提出假设 H4 和 H5。

H4：顾客价值共创程度与顾客获得的经济价值存在正相关。

H5：顾客价值共创程度与顾客获得的个性化服务存在正相关。

4 数据收集与分析

4.1 测量项目

不同构念的测量项目示例和来源如表 1 所示。所有题项采用五级李克特量表，根据接受调查的旅行社员工针对各问项所回答的情况由"完全不符合"、"比较不符合"、"一般"、"比较符合"和"完全符合"这五个程度分别给定分数为 1～5 分。

表 1　构念的测量

构念	测量项目示例	文献来源
顾客价值共创程度	该顾客积极参与了旅行计划的整体制定	Grissemann & Stokburger-Sauer（2012）[10]
顾客信息质量	该顾客的信息是准确的	Bonner（2010）[11]
顾客获得的经济价值	我们为该顾客提供的服务是为其单独开发的	Homburg 等（2011）[12]
顾客获得的个性化服务	该顾客得到了定制化的服务	Chan 等（2010）[13]

4.2 数据获取

本文的研究对象是旅行社员工。通过"问卷星"制作电子问卷，然后发送问卷链接请旅行社员工填写。问卷主要由笔者和熟人在其工作的旅行社发放，共发放电子问卷 212 份，回收 212 份，回收率为 100%。回收后根据两个标准剔除无效问卷：一是答题时间明显低于平均答题时间的问卷，二是连续多个选择相同答案的问卷。以上两个剔除标准各剔除了一份问卷，有效问卷为 210 份，回收情况良好。

本研究的调查对象具有以下特征：性别方面，男性 60 人，低于女性人数（150 人）。年龄方面，25 岁及以下的 154 人（占全体的 73.3%），26～35 岁的 41 人（占全体的 19.5%），36～45 岁的 6 人（占全体的 2.9%），46～55 岁的 9 人（占全体的 4.3%），即调查对象大多为中青年。教育程度方面，本科最多（196 人），占 93.3%，大专和硕士及以上分别占 2.9% 和 3.8%。月收入方面，4000 元及以下人数为 134，所占的比例最大（63.8%），即调查对象的收入水平不是很高。从事旅游工作方面，1 年以内的 154 人，占全体的 73.3%；其次是 1～3 年的 36 人，占 17.1%；4～6 年的为 20 人，占 9.5%。可见，被调研者从事旅游工作的年限比较短。旅行社规模方面，300 人及以上的占 47.6%，调查问卷主要在大型的旅游企业中发放。综上所述，本研究的调查对象是一群有较高文化程度，月收入水平一般，从事旅游工作年限较少的中青年。

4.3 信效度分析

信度是指测量工具测出的结果一致性和稳定性的大小程度，一般采用 Cronbach's Alpha 系数来检验。Cronbach's Alpha 系数的区间为 0 到 1，在该范围内系数越大量表的一致性和稳定性越高，当该系数低于 0.7 则让人难以接受。计算各量表的 Cronbach's Alpha 系数，结果都高于 0.70，表明本文使用的量表都具有较高的信度。各量表的 Cronbach's Alpha 系数、平均值和标准差见表 2。

表 2 量表的信度分析结果

构　念	项目数	Cronbach's Alpha	平均值	标准差
顾客价值共创程度	4	0.722	3.786	0.604
顾客信息质量	5	0.812	3.653	0.525
顾客获得的个性化服务	4	0.706	3.660	0.551
顾客获得的经济价值	5	0.722	3.884	0.413

效度即有效性，是指测量工具能够准确测出所需测量概念的程度。本文采用确定性因子分析来分析量表的结构效度。调查问卷的 4 个量表共 18 个测量项目分别受到 4 个因子的控制。我们利用 AMOS 17 软件，通过确定性因子分析进行验证，模型的关键吻合指数（fit indices）为 $\chi^2 = 816.084$，DF = 96，TLI = 0.921，CFI = 0.902，RMR = 0.078。可以说确定性因子分析模型拟合程度较好，所有项目的归类和量表的组成都与原构思一致，各项目的因子荷重见表 3。

表3 确定性因子分析的因子荷重

变量	测量项目	因子荷重
顾客价值共创程度	①该顾客积极参与了旅行计划的整体制定	0.483
	②该顾客参考了过去的旅行经验以安排本次旅行	0.757
	③此次行程安排的主意主要由顾客建议提出	0.687
	④顾客花费了可观的时间来安排这次旅行	0.636
顾客信息质量	①该顾客的信息是准确的	0.375
	②该顾客的信息是高度一致的	0.720
	③该顾客的信息中包括关于其需求的重要细节	0.997
	④该顾客的信息是相关的	0.569
	⑤该顾客的信息对于必须做什么，提供了清晰的信号	0.620
顾客获得的个性化服务	①我们为该顾客提供的服务是为其单独开发的	0.720
	②我们提供的服务能够很好地适应该顾客的需求	0.464
	③我们服务的主要特性能够根据该顾客的需求进行调整	0.664
	④我们的服务是高度个性化的	0.961
顾客获得的经济价值	①该顾客得到了高质量的服务	0.184
	②该顾客获得了定制化的服务	0.712
	③该顾客得到了专业化的服务	0.642
	④该顾客可以在一定程度上控制服务质量	0.363
	⑤该顾客经历了较少的服务失败（失误）	0.631

4.4 相关分析

表4是顾客价值共创程度、顾客信息质量、顾客获得的经济价值和顾客获得的个性化服务的相关系数矩阵。顾客价值共创程度与顾客信息质量两个因子之间的相关系数为0.054（不显著），推翻了假设H1。顾客信息质量与顾客获得的经济价值、顾客获得的个性化服务的相关系数分别为0.457、0.259，顾客价值共创程度与顾客获得经济价值、顾客获得的个性化服务的相关系数分别为0.436和0.713，初步验证了假设H2、H3、H4和H5。

表 4　变量间的相关系数矩阵

	顾客价值共创程度	顾客信息质量	顾客获得的经济价值	顾客获得的个性化服务
顾客价值共创程度	1			
顾客信息质量	0.054	1		
顾客获得的经济价值	0.436**	0.457**	1	
顾客获得的个性化服务	0.713**	0.259**	0.408**	1

注：**$p<0.01$.

4.5　回归分析

4.5.1　顾客价值共创程度对顾客信息质量的影响

从表 5 的回归结果可以看到，回归模型的 R^2 为 0.003，F 值为 0.599，显著水平为 0.440 大于 0.1，说明自变量对因变量没有关系，从而 H1 没有得到验证。

表 5　顾客价值共创程度与顾客信息质量的回归分析结果

因变量 自变量	顾客信息质量			
	β 值	标准化 β 值	t 值	sig.
（常数项）	3.477	—	15.076	0.000
顾客价值共创程度	0.047	0.054	0.774	0.440
判定系数				
R^2	0.003			
修正的 R^2	-0.002			
F 值	0.599			
Sig.	0.440			

4.5.2　顾客信息质量对顾客获得的经济价值的影响

从表 6 的回归结果可以看到，回归模型的 R^2 为 0.067，F 值为 14.946，显著水平接近于 0，说明自变量对因变量具有预测力，该模型能解释 6.7% 因变量的变异量，比例不太理想，需要进一步研究。β 值为 0.204，显著水平 $P<0.01$，说明顾客信息质量对顾客获得的经济价值具有正向的影响，从而验证了 H2。

表 6 顾客信息质量与顾客获得的经济价值的回归分析结果

自变量 \ 因变量	顾客获得的经济价值			
	β 值	标准化 β 值	t 值	sig.
(常数项)	3.139	—	16.118	0.000
顾客信息质量	0.204	0.259	3.866	0.000
判定系数				
R^2	0.067			
修正的 R^2	0.063			
F 值	14.946			
Sig.	0.000			

4.5.3 顾客信息质量对顾客获得的个性化服务的影响

从表 7 的回归结果可以看到，回归模型的 R^2 为 0.209，F 值为 54.793，显著水平接近于 0，说明自变量对因变量具有预测力，该模型能解释 20.9% 因变量的变异量。β 值为 0.480，显著水平 $P<0.01$，说明顾客信息质量对顾客获得的个性化服务具有正向的影响，从而验证了 H3。

表 7 顾客信息质量与顾客获得的个性化服务的回归分析结果

自变量 \ 因变量	顾客获得的个性化服务			
	β 值	标准化 β 值	t 值	sig.
(常数项)	1.907	—	7.973	0.000
顾客信息质量	0.480	0.457	7.402	0.000
判定系数				
R^2	0.209			
修正的 R^2	0.205			
F 值	54.793			
Sig.	0.000			

4.5.4 顾客价值共创程度与顾客获得的经济价值的影响

从表 8 的回归结果可以看到，回归模型的 R^2 为 0.509，F 值为 215.381，显著水平接近于 0，说明自变量对因变量具有预测力，该模型能解释 50.9% 因变量的变异量。β值为0.488，显著水平$P<0.01$，说明顾客价值共创程度对顾客获得的经济价值具有正向的影响，从而验证了H4。

表8 顾客价值共创程度与顾客获得的经济价值的回归分析结果

因变量	顾客获得的经济价值			
自变量	β值	标准化β值	t值	sig.
（常数项）	2.035	—	15.959	0.000
顾客价值共创程度	0.488	0.713	14.676	0.000
判定系数				
R^2	0.509			
修正的R^2	0.506			
F值	215.381			
Sig.	0.000			

4.5.5 顾客价值共创程度与顾客获得的个性化服务的影响

从表9的回归结果可以看到，回归模型的R^2为0.190，F值为48.915，显著水平接近于0，说明自变量对因变量具有预测力，该模型能解释19%因变量的变异量。β值为0.398显著水平$P<0.01$，说明顾客价值共创程度对顾客获得的个性化服务具有正向的影响，从而验证了H5。

表9 顾客共创价值与顾客获得的个性化服务的回归性分析结果

因变量	顾客获得的个性化服务			
自变量	β值	标准化β值	t值	sig.
（常数项）	2.152	—	9.855	0.000
顾客价值共创程度	0.398	0.436	6.994	0.000
判定系数				
R^2	0.190			
修正的R^2	0.187			
F值	48.915			
Sig.	0.000			

5 结论与讨论

5.1 研究结论

本研究的假设大部分得到了验证，结果如下：①顾客价值共创程度与顾客信息质量无关系。②顾客信息质量与顾客获得的经济价值存在正相关。③顾客信息质量与顾客获得的个性化服务存在正相关。④顾客价值共创程度与顾客获得的经济价值存在正相关。⑤顾客价值共创程度与顾客获得的个性化服务存在显著正相关。

5.2 研究意义

共创价值理论认为，消费者会在各个阶段参与价值的创造[14]，而消费者的参与分为主动参与和被动参与。主动参与型是消费者觉得参与创造过程很有意义，被动参与则是消费者想要得到某种消费体验而旅游企业无法在缺少消费者参与的情况下提供服务[15]。顾客参与产品的价值创造未必一定能提升价值，它是一把双刃剑[16]。价值共创可以为企业提供很多有形和无形的福利，比如黄琳（2010）发现消费领域共创价值对品牌忠诚度有明显的促进的作用[17]；郭红丽（2006）发现消费者参与对于消费者的创新有积极的促进作用[18]；张心同和甘玉萍（2010）认为服务行业消费者的参与和消费者信任和满意度呈正向关系[19]；胡春（2005）对于品牌社区中消费者的主动参与进行的研究发现消费者参与具有积极中介的作用，可以通过形成群体合力而对某一品牌产生集体性的品牌忠诚[20]。可见价值共创对培养企业自身独特的竞争力是至关重要的，它是企业运营的全新模式，非常具有研究的理论价值和现实价值。然而，对于这个符合未来发展方向的前沿课题现有文献涉及并不多[21]。通过本研究，可以进一步了解价值共创的内部机理，有利于旅游企业消耗更低的成本让顾客获得更高的经济价值和个性化服务。

5.3 管理启示

本研究的结论对旅游企业的产品生产以及消费者消费旅游产品具有一定的启示与指导作用。对旅游企业而言，若想提供高经济价值和高个性化的旅游产品以此提高企业竞争力，可以通过某种方法提高顾客价值共创的程度；对消费者来说，若想在同等经济付出的基础上从旅游产品中收获更多的经济价值和个性化服务，也应该设法更多地参与到该旅游产品的价值共创活动中。

此外，本研究也存在一些局限。由旅行社员工评价顾客信息质量、获得的经济价值和个性化服务，可能会影响结论的有效性。由于时间、成本有限，只获取了 210 个有效样本，样本获取的范围局限于广州的旅行社，而且样本的基本结构（如年龄、教育程度、从事旅游工作的时间等）也不均衡，这些原因可能影响结论的推广。

参考文献

[1] 普拉哈拉德，王永贵. 竞争新现实：共同创造价值 [J]. 当代经理人，2007（4）：104 – 105.

[2] 普拉哈拉德. 企业成功定律 [M]. 北京：中国人民大学出版社，2009.

[3] 李朝辉，金永生. 价值共创研究综述与展望 [J]. 北京邮电大学学报（社会科学版），2013（1）：91 – 96.

[4] 武文珍，陈启杰. 价值共创理论形成路径探析与未来研究展望 [J]. 外国经济与管理，2012（6）：66 – 73.

[5] Ramirez R. Value co – production：intellectual origins and implications for practice and research [J]. Strategic Management Journal，1999，20（1）：49 – 65.

[6] Fuchs V. The Service economy [M]. New York：Columbia University Press，1968.

[7] Prahalad C K, Ramaswamy V. 消费者王朝：与顾客共创价值 [M]. 王永贵，译. 北京：机械工业出版社，2005.

[8] Vargo S L, Lusch R F. Evolving to a new dominant logic for marketing [J]. Journal of Marketing，2004，68（1）：1 – 17.

[9] Vargo S L, Lusch R F. Service – dominant logic：continuing the evolution [J]. Journal of the Academy of Marketing Science，2008，36（1）：1 – 10.

[10] Grissemann U S, Stokburger – Sauer N E. Customer co – creation of travel services：The role of company support and customer satisfaction with the co – creation performance [J]. Tourism Management，2012，33（6）：1483 – 1492.

[11] Bonner J M. Customer interactivity and new product performance：Moderating effects of product newness and product embeddedness [J]. Industrial Marketing Management，2010，39（3）：485 – 492.

[12] Homburg C, Müller M, Klarmann M. When does salespeople's customer orientation lead to customer loyalty? The differential effects of relational and functional customer orientation [J]. Journal of the Academy of Marketing Science，2011，39（6）：795 – 812.

[13] Chan K W, Yim C K, Lam S S. Is customer participation in value creation a double – edged sword? Evidence from professional financial services across cultures [J]. Journal of Marketing，2010，74（3）：48 – 64.

[14] 万文海，王新新. 消费领域共同创造价值的形成机理研究 [J]. 经济管理，2010（7）：104 – 111.

[15] 李丽娟. 城市公园游客参与价值共创意愿倾向研究——以北京香山公园为例 [J]. 生态经济，2013，12：145 – 148.

[16] 张文敏, 沙振权. 基于"共同创造"的旅行社转型研究——以奖励旅游为例 [J]. 旅游学刊, 2011, 11: 52-57.
[17] 黄琳. 客户满意策略的改进——基于客户体验的视角 [J]. 江苏商论, 2010 (8): 49-51.
[18] 郭红丽. 客户体验维度识别的实证研究——以电信行业为例 [J]. 管理科学, 2006 (1): 59-65.
[19] 张心同, 甘玉萍. 面向客户体验的移动数据网络的测量分析系统及其应用 [J]. 南京信息工程大学学报 (自然科学版), 2010 (5): 473-476.
[20] 胡春. 通信企业提升客户体验价值的品牌管理策略 [J]. 太平洋学报, 2005 (11): 59-63.
[21] 俞驰. 基于价值共创的快速消费品行业体验创新研究 [D]. 湖南大学, 2013.

Research on Influencing Mechanism of Degree of Customer Co-Creation

Ye Yongqing

Abstract: Conventional wisdom suggests that value is created by the producer, and this idea is very good for a long time to adapt to the development of human society. In the new century, however, the traditional view of value creation is no longer applicable, and the emergence of a new era of consumer makes travel companies couldn't be done, as in the past one-way thinking and take unilateral action, but to produce value together with the consumers. This forces us to rethink the traditional enterprise centered system of value creation. So the new era of value creation system is very important. This study investigates the relationship of the degree of customer co-creation value, customer information quality, the economic value and personalized service obtained by customers. Through the questionnaire survey of employees of travel agencies in Guangzhou, the regression analysis found that the degree of customer co-creation value is positively associated with economic value and personalized service; the customer information quality has an effect on economic value and personalized service. Research conclusion provides an inspiration for tourism product producers and consumers.

Key words: Co-creating value; customer information quality; economic value; personalized service

丹霞山景区居民的旅游影响感知分析[*]

黎坤仪

摘　要：本研究通过实地考察、访问和问卷调查等形式对丹霞山景区附近居民的旅游影响感知进行了因子分析和非参数检验。通过因子分析法得出丹霞山景区的旅游影响七个影响因子：社会文化破坏因子、社会文化促进因子、经济积极影响因子、环境破坏因子、宏观环境积极影响因子、经济消极影响因子和社会环境积极影响因子；通过非参数检验得出居民对这些影响因子的感知差异，其中居民对促进思想观念的进步、不良现象增加的感知差异大，旅游发展对这些影响因子效果不显著；居民对旅游发展的消极影响的感知差异多于积极影响，丹霞山的旅游发展的积极影响的效果大于消极影响。最后，本研究在研究结论的基础上对丹霞山景区的发展提出了对应的建议。

关键词：丹霞山景区旅游影响感知；因子分析；非参数检验

1　引言

1.1　研究背景与意义

如今，世界旅游是"大众旅游"时代，我国的旅游业在改革开放后，在不同的政策鼓励下得到了长足的发展，迎来了繁盛的发展。旅游的发展必定会给旅游当地带来经济的发展，环境的变化和社会文化的变迁等各种好或不好的影响，而当地的居民是旅游发展所带来的影响的直接感受者，对旅游地居民的旅游感知的调查和研究可以有效地评估当地旅游发展的效益，从而为旅游地的可持续发展旅游提供可能[1]；居民对旅游影响的感知和态度有可能成为成功开发、营销、运作现有或未来旅游项目的一个重要的规划和政策因素（Ap，1992）[2]。

1.2　国外文献综述

关于旅游地居民对旅游发展的感知和态度的研究，国际上始于 20 世纪 70 年

---

[*] 指导教师：陈建斌。此文受到 2016 广东省自然科学基金项目"城市会展旅游形象市场影响重要因子系统研究——以广州、澳门为例"（2016A030313707）、广东省教育厅 2015 年重点平台及科研项目"城市会展旅游形象市场影响重要因子系统研究——以广州、澳门为例"（2015WTSCX032）资助。

代，Doxey（1975）所提出的一个目的地居民对旅游者态度变化为"高度兴奋—漠然—厌恶—对抗"四阶段的经典性论著[1]；我国起步较晚，起于1996年陆林对皖南旅游区居民发起的对发展旅游的态度调查[14]。

国外的研究主要集中在居民对旅游影响的感知与态度、影响居民感知与态度的因素、相应的理论解释、居民对某些特殊旅游产品的感知和态度以及基于居民旅游感知和态度差异的群体聚类这五个方面[15]，其中前三个的研究又更为着重。

70年代研究主要关注旅游发展给旅游地所带来的影响，由最初的经济影响扩展到社会、文化等各种影响，以及旅游地居民对这些影响的感知。Rothman（1978）通过对海滩度假社区的研究发现，旅游业的发展在某种程度上影响到海滩度假社区社会生活的各个方面，从而引起居民的行为模式的改变[3]。Boissevain（1979）在对马耳他戈佐岛的研究发现，旅游业发展为当地几百个居民提供了就业机会，从而促进了社区稳定，避免该地年轻人外出寻找就业机会[3]。

80年代在Belisle等（1980）发现哥伦比亚Santa Marts居民对旅游业普遍持积极态度后，学者在居民对旅游影响的感知与态度这一方面的研究更为深入，开始比较旅游发展对不同类型旅游影响所带来的效益[4]，Mathieson & Wall（1982）指出，旅游业发展所带来的经济影响总的来说是有益的，社会影响不太受欢迎，而环境影响则是"双刃"的[5]。同时也开始关注研究影响居民感知与态度的因素，Um和Crompton（1987）在评估居民对旅游感知研究中，将居民对社区的依赖程度看作一个重要的变量，研究指出长住居民往往更容易感受到旅游业给文化带来的影响，居民与社区联系越密切，对旅游社区影响越缺少积极的感知[6]。

90年代以来，旅游影响居民感知的研究向纵深方向发展，主要表现在不同旅游地横向对比分析、不同时间段纵向对比分析的加强和对量化方法的探讨。其中最为著名的是Lankford & Howard（1994）的"旅游影响态度尺度"（TIAS）[7]和Ap& Crompton（1995 1998）关于"建立旅游影响评估尺度"（Developing and Testing a Tourism Impact Scale）的一套评估指标体系[8]。

随着研究的深入，90年代后期出现了一些总结性的论述，Ap&Crompton（1998）较为全面地综述了关于居民感知旅游影响及居民态度的文献，并将这些文献依据经济影响、社会文化影响和环境影响分为正面和负面两类[8]。

进入21世纪，"可持续旅游"和"社区发展"得到重视，Sheldon（2001）提出要实现可持续旅游目标需提高受到旅游影响的社区居民的参与[9]。同时在影响居民感知与态度的因素的研究上，学者们开始更为关注人口统计学特征所带来的影响。Mason&Cheyne（2000）对居住于某偏僻山谷的乡村居民针对新设部分游憩休闲设施进行调查，得出性别差异导致旅游感知的差别[10]。同时也加大力度在居民对某些特殊旅游产品的感知的研究中，诸如奥运会（Waitt，2003）[11]、世界杯（Kim&Petrickb，2005）[12]等体育事件，通过节事举办前、中和后的不同时间段上的纵贯研究（longitude approach）发现，不同时间段内居民的感知和态度存在差异。

1.3 国内文献综述

国内学者对旅游地居民旅游感知和态度研究大多集中在海滨型旅游地和传统村镇型知名旅游地,如宣国富等(2002)对海口和三亚的有关研究[37]、陈金华、周灵飞(2008)对福建东山岛的有关研究[38],刘葆等(2005)对西递、周庄的有关研究[39],郭伟等(2006)对乌镇的有关研究[40],黄玉理(2006)对平遥古城的有关研究[41]。当然也有以城市居民为调查对象的研究,王丽华(2006)对南京六城区的有关研究[42]、杨兴柱等(2006)对中山市的有关研究[43];也有以少数民族为调查对象的(李志飞,2006)[44]。最近几年在调查对象上更有了一些新突破性研究,陈楠等(2008)对大型节事旅游感知的调查(北京奥运会)[45],欧阳军等(2009)对澳门博彩业的感知和态度的调查[46],邹统钎等(2010)运用对应分析法对故宫、天坛和泰山等13处遗产旅游地的旅游感知研究[47],李丽(2010)对开发黑色旅游的态度研究调查[48]等。

1.4 丹霞山景区

丹霞山——中国红石公园,广东四大名山之首,位于韶关市境内,因山石由红色砂砾构成,"色如渥丹,灿若明霞"故名,是广东省面积最大、景色最美的风景区。1988年以来,丹霞山先后被评为国家风景名胜区、国家级地质地貌自然保护区、国家AAAAA级旅游区、国家地质公园、世界地质公园,并在2010年8月2日入选世界自然遗产。

1.5 研究目的

丹霞山风景区的发展历史几乎追随着我国自改革以来的旅游发展历史,是一个发展相对成熟的景区,尤其是自加入世界自然遗产名录以来更得到快速的发展,不过经过近几年的发展,丹霞山景区明显面临着如何更进一步持续发展的瓶颈期。本研究主要是想通过对景区附近的居民的旅游影响感知的因子分析和非参数分析研究,以了解丹霞山景区的发展现状以及旅游影响因子和居民对旅游影响的感知差异,从而为丹霞山风景区的更进一步的发展提出一些建议,促进当地的旅游发展。

2 丹霞山居民的旅游影响感知的数据分析

2.1 数据来源

被调查的对象全部是来自丹霞山景区附近的居民,既包括来此就业居住有一定时间的常住性居民,也有在此地土生土长的本地居民。本次问卷调查是在2015年3月第一、二个周末期间到丹霞山景区附近对当地居民发放问卷,一共发放问卷150份,回收问卷150份,回收率100%,其中有效问卷140份,有效率达到93.33%。本研究的数据处理主要是采取SPSS 19.0软件对问卷中数据进行主因子分析和非参数检验。

2.2 信度分析和效度分析

表1 丹霞山居民的旅游影响感知的调查问卷的信度分析

onbach's Alpha	项数
.711	29

数据来源:笔者,2015。

在信度分析中,若测评问卷的Cranbach's α系数大于0.9,表明问卷的信度较好;在0.8~0.9之间,表明信度可以接受;在0.7~0.8之间,表明信度一般[29]。本作者对问卷的第一部分中旅游发展给当地带来的29个影响因子进行了信度分析,从表1中可知丹霞山居民的旅游影响感知的调查问卷的信度系数为0.711,表明此调查问卷的信度一般,具有一般的一致性、稳定性和可靠性,此问卷依旧能用于因子分析等相关性分析。

表2 KMO和Bartlett的检验结果

取样足够度的 Kaiser – Meyer – Olkin 度量。		.747
Bartlett 的球形度检验	近似卡方	1887.735
	df	406
	Sig.	.000

数据来源:笔者,2015。

KMO度量标准为:0.9以上表示非常好,0.8~0.89表示好,0.7~0.79表示一般,0.6~0.69表示差,0.5~0.59表示很差,0.49以下表示不能进行因子分析[30]。从表2中可看出,KMO值为0.747,说明变量间的相关性一般,可以做因子分析;Bartlett球形度Sig <0.000,表明数据取自正态分布,适合做因子分析。

2.3 居民基本信息统计分析

表3　居民基本信息统计

		频率	百分比（%）
性别	男	63	45.0
	女	77	55.0
年龄	15～24岁	37	26.4
	25～44岁	74	52.9
	45～64岁	28	20.0
	≥65岁	1	.7
文化程度	小学及以下	7	5.0
	初中	40	28.6
	高中或中专	62	44.3
	大专或大学及以上	31	22.1
家庭人月平均收入	≤1000	7	5.0
	1001～3000	66	47.1
	3001～5000	54	38.6
	≥5001	13	9.3
旅游收入比重	≤10%	61	43.6
	11%～40%	47	33.6
	41%～70%	25	17.9
	≥71%	7	5.0
居住时间	≤10年	42	30.0
	11～35年	69	49.3
	36～50年	28	20.0
	≥51年	1	.7

数据来源：笔者，2015。

从表3中看出，此次调查中丹霞山景区附近居住的居民女性人数稍高于男性居民的人数，年龄主要集中在25～44岁之间，其次是15～24岁的年青居民。据访谈了解，丹霞山风景区的旅游发展带动了当地的商业发展，吸引了众多青年人在景区附近创业或就业，因此所调查的居民年纪大多集中在劳动力旺盛的青年一族。从文化程度情况可以看出丹霞山风景区附近的居民主要集中在高中或中专学历,说明丹霞山景区的居民都基本接受过国家的基础教育,具有良好的文化素质。47.1%的居民家庭人月平均收入介于1001～3000元之间,38.6%的居民家庭人月平均收入介于3001～5000元间,由此可知当地居民因旅游发展带来一定的创收。不过有43.6%被调查者认为他们的旅游收入占家庭总收入的10%以下,这个数据与我们的受访人群的工作相矛盾,因为我们调查的大多数是附近的个体经营户,像宾馆老板、商店老板、饭店老板,按理说,旅游收入占家庭总收入的比重应该会相对较大,出现这种原因可能是:①家里人的确还有人从事非旅游相关的职业;②对本题理解错误,认为他们的经营收入不属于旅游收入。有49.3%的被调查者在此居住有11～35年,由此可见被调查在当地居住时间相当较长,对当地情况比较了解,说明此次问卷调查数据有一定的可靠性。

3 丹霞山居民的旅游影响感知的因子分析

3.1 提取公因子

表4 解释的总方差

成分	初始特征值			提取平方和载入			旋转平方和载入		
	合计	方差的%	累积%	合计	方差的%	累积%	合计	方差的%	累积%
1	6.579	22.685	22.685	6.579	22.685	22.685	3.504	12.081	12.081
2	3.313	11.425	34.110	3.313	11.425	34.110	3.042	10.491	22.572
3	2.231	7.694	41.803	2.231	7.694	41.803	2.907	10.023	32.595
4	2.054	7.082	48.885	2.054	7.082	48.885	2.652	9.145	41.740
5	1.793	6.182	55.067	1.793	6.182	55.067	2.498	8.614	50.354
6	1.539	5.307	60.374	1.539	5.307	60.374	2.421	8.348	58.702
7	1.170	4.036	64.410	1.170	4.036	64.410	1.655	5.708	64.410
8	.991	3.418	67.828						
9	.964	3.324	71.152						
10	.903	3.115	74.267						
11	.798	2.752	77.019						
12	.748	2.579	79.598						
13	.673	2.320	81.918						
14	.604	2.082	84.000						
15	.573	1.976	85.976						
16	.523	1.805	87.780						

（续上表）

成分	初始特征值			提取平方和载入			旋转平方和载入		
	合计	方差的 %	累积 %	合计	方差的 %	累积 %	合计	方差的 %	累积 %
17	.431	1.486	89.266						
18	.404	1.394	90.661						
19	.363	1.253	91.914						
20	.348	1.201	93.116						
21	.320	1.105	94.220						
22	.283	.977	95.197						
23	.262	.905	96.102						
24	.244	.842	96.945						
25	.226	.778	97.722						
26	.194	.668	98.391						
27	.174	.601	98.992						
28	.164	.567	99.559						
29	.128	.441	100.000						

数据来源：笔者，2015。

表4的解释的总方差表说明的是提取的公因子数量和所提取的公因子能够解释原始变量的方差及其累计和的情况。提取公因子的原则是公因子的特征值必须大于1，从表4中可以得出从29个原始因子变量中一共提取出了7个公因子，七个公因子最初的解释变量的方差分别为22.685%、11.425%、7.694%、7.082%、6.182%、5.307%、4.036%，共解释了原始因子变量的64.410%。

3.2 公因子的重命名

表5 旋转成分矩阵

	成分						
	1	2	3	4	5	6	7
促进经济发展	-.052	-.025	.292	.093	.540	-.049	-.022
改善基础设施	.190	.061	.647	.054	.257	-.135	.311
更多就业机会	-.016	.166	.726	-.038	.315	.086	.048
增加居民收入	-.182	.142	.763	-.099	.087	-.058	-.070
提高生活水平	-.315	.200	.682	-.079	-.155	-.016	.302

(续上表)

	成分						
	1	2	3	4	5	6	7
增强商品经济意识	-.134	.045	.518	.065	.157	.385	-.045
物价上涨	.103	-.045	.181	.173	.006	.763	.032
一小部分人得到了好处	.089	.001	-.118	-.039	-.023	.847	-.015
收入差距拉大	.115	.050	-.027	-.039	.027	.863	-.017
提高知名度	-.293	.448	.006	.000	.067	.229	.404
更加了解本地文化	-.003	.711	.006	.056	.176	-.036	.299
促进对外来文化的学习交流	.094	.732	.087	.123	.193	-.038	-.017
消除陌生感	-.100	.734	.014	-.205	.019	-.005	-.121
促进思想观念的进步	-.007	.721	.202	-.085	-.031	-.036	.198
促进普通话的推广	-.158	.620	.347	-.206	.094	.129	.032
增加自豪感	-.269	.319	.264	-.146	.493	.130	-.077
打扰日常生活	.690	-.171	.037	.135	-.278	.106	-.043
冲击优良传统	.854	.003	-.020	-.069	.020	-.022	-.120
社会道德标准下降	.829	-.013	-.069	.117	-.054	.109	-.078
不良现象增加	.676	-.054	-.250	.300	-.025	.120	.041
消费水平高的游客带来不利影响	.577	.030	-.229	.476	.030	.145	.026
生活质量降低	.367	.021	-.240	.353	-.382	.050	.161
促进自然资源的保护	-.303	.128	-.074	-.168	.474	.139	.533
道路及公共设施维持较高的标准	-.034	.176	.272	-.075	.162	-.117	.820
促进环境的保护	.010	.080	.057	-.216	.763	.083	.254
增强环保意识	-.038	.227	.081	-.082	.754	-.034	.129
破坏自然环境	.027	-.066	.020	.817	-.129	.065	.089
增加环境的污染	.107	-.102	.013	.850	-.053	-.002	-.174
增加治安问题的出现	.396	-.062	-.075	.707	-.094	-.019	-.127

数据来源：笔者，2015。

  为了使因子载荷值之间的差距更加明显、方便因子的命名，作者采用因子旋转的方法，使因子载荷两极分化，接近1或接近0，以减少主观性对因子命名的影响，因子分析的效果更好。本研究采用最大方差法分解，得到表5的旋转矩阵载荷图。给因子命名的基本原则是因子负荷应该取最少在0.5，比较理想的是0.6到0.7之间，最理想的是在0.7以上[29]。作者把因子负荷0.518作为分割点。打扰日常生活、冲击优良传统、社会道德标准下降、不良现象增加和消费水平高的游客带来不利影响为一类，命名为社会文化破坏因子；更加了解本地文化、促进对外来文化的学习交流、消除陌生感、促进思想观念的进步和促进普通话的推广归为一类，命名为社会文化促进因子；改善基础设施、更多就业机会、增加居民收入、提高生活水平和增强商品经济意识为一类，命名为经济积极影响因子；破坏自然环境、增加环境的污染和增加治安问题的出现归为一类，命名为环境破坏因子；促进经济发展、促进环境的保护和增强环保意识为一类，命名为宏观环境积极影响因子；物价上涨、一小部分人得到了好处和收入差距拉大为一类，命名为经济消极影响因子；促进自然资源的保护和道路及公共设施维持较高的标准归为一类，命名为社会环境积极影响因子。

4 丹霞山居民的旅游影响感知的非参数检验

4.1 男女性别居民对旅游影响的感知差异

表6 性别变量组的曼-惠特尼U检验

	Mann-Whitney U	Wilcoxon W	Z	渐近显著性（双侧）
促进经济发展	2136.5	5139.5	-1.37	0.171
改善基础设施	2240	4256	-0.842	0.400
更多就业机会	2278.5	4294.5	-0.673	0.501
增加居民收入	2180.5	4196.5	-1.116	0.264
提高生活水平	2303	4319	-0.558	0.577
增强商品经济意识	2163	5166	-1.192	0.233
物价上涨	2236	4252	-0.833	0.405
一小部分得到了好处	2252.5	4268.5	-0.771	0.441
收入差距拉大	2247.5	4263.5	-0.794	0.427
更加了解本地文化	2371	5374	-0.241	0.809
促进对外来文化的学习交流	2362.5	5365.5	-0.278	0.781
消除陌生感	2404.5	5407.5	-0.095	0.925
促进思想观念的进步	2393.5	5396.5	-0.141	0.888

(续上表)

	Mann-Whitney U	Wilcoxon W	Z	渐近显著性（双侧）
促进普通话的推广	2166.5	4182.5	-1.155	0.248
打扰日常生活	2288	4304	-0.603	0.547
冲击优良传统	1981.5	3997.5	-1.96	0.05
社会道德标准下降	2192	4208	-1.048	0.295
不良现象增加	2331	5334	-0.413	0.680
消费水平高的游客带来不利影响	2363	4379	-0.283	0.777
促进自然资源的保护	2267.5	4283.5	-0.73	0.465
道路及公共设施维持较高的标准	2270.5	4286.5	-0.698	0.485
促进环境的保护	2026	4042	-1.824	0.068
增强环保意识	2122	4138	-1.356	0.175
破坏自然环境	1906	4909	-2.294	0.022
增加环境的污染	1822.5	4825.5	-2.634	0.008
增加治安问题的出现	2127	5130	-1.301	0.193

数据来源：笔者，2015。

对性别这一变量进行两个独立样本的惠特尼 U 检验（Mean–Whitney U）的非参数检验。本检验的原假设 H0：男女性别对旅游影响的感知服从同一分布；备则假设为 H1：男女性别对旅游影响的感知不服从同一分布。从表6可知，只有破坏自然环境和增加环境的污染这两个变量的显著性取值小于0.05，选择备则假设，破坏自然环境和增加环境的污染这两个影响因子的感知在男女性别上存在明显的差异；其余24个影响因子的显著性取值都大于0.05，选择的是零假设，也即这24个影响因子在男女性别的感知上服从同一分布。

4.2 不同年龄阶段的居民对旅游影响的感知差异

表7 年龄变量组的 Kruskal–Wallis H 检验结果

	卡方	df	渐近显著性
促进经济发展	3.26	3	0.353
改善基础设施	3.666	3	0.300
更多就业机会	2.442	3	0.486

（续上表）

	卡方	df	渐近显著性
增加居民收入	4.763	3	0.190
提高生活水平	4.768	3	0.190
增强商品经济意识	5.111	3	0.164
物价上涨	2.824	3	0.420
一小部分得到了好处	4.436	3	0.218
收入差距拉大	1.909	3	0.591
更加了解本地文化	0.396	3	0.941
促进对外来文化的学习交流	1.307	3	0.727
消除陌生感	6.654	3	0.084
促进思想观念的进步	12.941	3	0.005
促进普通话的推广	3.929	3	0.269
打扰日常生活	8.389	3	0.039
冲击优良传统	5.253	3	0.154
社会道德标准下降	5.141	3	0.162
不良现象增加	14.107	3	0.003
消费水平高的游客带来不利影响	13.055	3	0.005
促进自然资源的保护	3.096	3	0.377
道路及公共设施维持较高的标准	3.12	3	0.374
促进环境的保护	2.917	3	0.405
增强环保意识	3.34	3	0.342
破坏自然环境	2.419	3	0.490
增加环境的污染	2.96	3	0.398
增加治安问题的出现	11.072	3	0.011

数据来源：笔者，2015。

对年龄这一变量运用 Kruskal-Wallis H 检验方法进行多个独立样本的非参数检验。本检验的原假设 H0：不同年龄阶段对旅游影响的感知服从同一分布；备则假设为 H1：不同年龄阶段对旅游影响的感知不服从同一分布。由表7可以得知，促进思想观念的进步、打扰日常生活、不良现象增加、消费水平高的游客带来不利影响和增加治安问题的出现的显著性取值小于0.05，故这5个影响因子可以显著地否定零假设，接受备则假设，即认为不同年龄阶段的居民对促进思想观念的进步、打扰日常生活、不良现象增加、消费水平高的游客带来不利影响和增加治安问题这5个旅游影响因子的感知存在着明显的差异。

4.3 不同文化程度的居民对旅游影响的感知差异

表8 文化程度变量组的 Kruskal-Wallis H 检验结果

	卡方	df	渐近显著性
促进经济发展	2.675	3	0.445
改善基础设施	1.501	3	0.682
更多就业机会	1.621	3	0.655
增加居民收入	2.609	3	0.456
提高生活水平	1.784	3	0.618
增强商品经济意识	4.467	3	0.215
物价上涨	1.482	3	0.687
一小部分得到了好处	2.521	3	0.471
收入差距拉大	6.310	3	0.097
更加了解本地文化	1.526	3	0.676
促进对外来文化的学习交流	5.126	3	0.163
消除陌生感	2.328	3	0.507
促进思想观念的进步	4.635	3	0.201
促进普通话的推广	5.357	3	0.147
打扰日常生活	4.020	3	0.259
冲击优良传统	0.728	3	0.867
社会道德标准下降	1.461	3	0.691
不良现象增加	1.336	3	0.721
消费水平高的游客带来不利影响	0.477	3	0.924
促进自然资源的保护	0.584	3	0.900
道路及公共设施维持较高的标准	2.704	3	0.440
促进环境的保护	2.144	3	0.543
增强环保意识	3.030	3	0.387
破坏自然环境	0.981	3	0.806
增加环境的污染	1.159	3	0.763
增加治安问题的出现	2.077	3	0.557

数据来源：笔者，2015。

对文化程度这一变量运用 Kruskal–Wallis H 检验方法进行多个独立样本的非参数检验。由表8可以明显得知，没有任何一个影响因子的显著性取值是小于

0.05，故不同文化程度的居民对旅游影响因子的感知都服从于同一分布。

4.4 不同家庭人月平均收入的居民对旅游影响的感知差异

表9 家庭人月平均收入变量组的 Kruskal – Wallis H 检验结果

	卡方	df	渐近显著性
促进经济发展	4.806	3	0.187
改善基础设施	3.399	3	0.334
更多就业机会	5.871	3	0.118
增加居民收入	1.463	3	0.691
提高生活水平	0.916	3	0.822
增强商品经济意识	2.889	3	0.409
物价上涨	5.64	3	0.130
一小部分得到了好处	6.895	3	0.075
收入差距拉大	1.904	3	0.593
更加了解本地文化	3.698	3	0.296
促进对外来文化的学习交流	5.904	3	0.116
消除陌生感	7.79	3	0.051
促进思想观念的进步	8.248	3	0.041
促进普通话的推广	0.368	3	0.947
打扰日常生活	0.046	3	0.997
冲击优良传统	0.064	3	0.996
社会道德标准下降	0.876	3	0.831
不良现象增加	1.921	3	0.589
消费水平高的游客带来不利影响	5.197	3	0.158
促进自然资源的保护	4.643	3	0.200
道路及公共设施维持较高的标准	0.984	3	0.805
促进环境的保护	3.897	3	0.273
增强环保意识	3.216	3	0.360
破坏自然环境	2.135	3	0.545
增加环境的污染	1.495	3	0.683
增加治安问题的出现	1.536	3	0.674

数据来源：笔者，2015。

对家庭人月平均收入这一变量运用 Kruskal – Wallis H 检验方法进行多个独立

样本的非参数检验。由表9可知，26个旅游影响因子中只有"促进思想观念的进步"的显著性取值都小于0.05，故不同家庭人月平均收入的居民对"促进思想观念的进步"这一旅游影响感知存在着明显差异，而对其余的25个旅游影响因子的感知都服从于同一分布。

4.5 不同旅游收入比重的居民对旅游影响的感知差异

表10 旅游收入比重变量组的 Kruskal – Wallis H 检验结果

	卡方	df	渐近显著性
促进经济发展	2.123	3	0.547
改善基础设施	6.514	3	0.089
更多就业机会	8.029	3	0.045
增加居民收入	2.388	3	0.496
提高生活水平	0.197	3	0.978
增强商品经济意识	6.758	3	0.080
物价上涨	3.601	3	0.308
一小部分得到了好处	0.733	3	0.865
收入差距拉大	1.625	3	0.654
更加了解本地文化	7.184	3	0.066
促进对外来文化的学习交流	6.143	3	0.105
消除陌生感	3.425	3	0.331
促进思想观念的进步	3.595	3	0.309
促进普通话的推广	0.217	3	0.975
打扰日常生活	6.389	3	0.094
冲击优良传统	1.554	3	0.670
社会道德标准下降	5.428	3	0.143
不良现象增加	6.672	3	0.083
消费水平高的游客带来不利影响	3.018	3	0.389
促进自然资源的保护	1.583	3	0.663
道路及公共设施维持较高的标准	3.022	3	0.388
促进环境的保护	1.361	3	0.715
增强环保意识	1.752	3	0.626
破坏自然环境	3.604	3	0.307

（续上表）

	卡方	df	渐近显著性
增加环境的污染	3.233	3	0.357
增加治安问题的出现	3.861	3	0.277

数据来源：笔者，2015。

对旅游收入比重这一变量运用 Kruskal-Wallis H 检验方法进行多个独立样本的非参数检验。由表 10 可知，26 个旅游影响因子中只有"更多就业机会"的显著性取值小于 0.05，其余的 25 个影响因子的显著性取值均大于 0.05，也即不同旅游收入比重的居民只对更多就业机会这一旅游影响因子存在着明显感知差异，对其余的 25 个旅游影响因子的感知都服从于同一分布。

4.6 不同居住时间的居民对旅游影响的感知差异

表 11 居住时间变量组的 Kruskal – Wallis H 检验结果

	卡方	df	渐近显著性
促进经济发展	2.363	3	0.500
改善基础设施	3.290	3	0.349
更多就业机会	0.416	3	0.937
增加居民收入	3.247	3	0.355
提高生活水平	4.879	3	0.181
增强商品经济意识	3.194	3	0.363
物价上涨	3.104	3	0.376
一小部分得到了好处	3.578	3	0.311
收入差距拉大	4.004	3	0.261
更加了解本地文化	0.667	3	0.881
促进对外来文化的学习交流	3.607	3	0.307
消除陌生感	6.371	3	0.095
促进思想观念的进步	7.461	3	0.059
促进普通话的推广	1.582	3	0.663
打扰日常生活	5.514	3	0.138
冲击优良传统	5.775	3	0.123
社会道德标准下降	8.217	3	0.042
不良现象增加	9.562	3	0.023

(续上表)

	卡方	df	渐近显著性
消费水平高的游客带来不利影响	7.361	3	0.061
促进自然资源的保护	3.249	3	0.355
道路及公共设施维持较高的标准	2.894	3	0.408
促进环境的保护	4.083	3	0.253
增强环保意识	0.294	3	0.961
破坏自然环境	2.878	3	0.411
增加环境的污染	5.642	3	0.130
增加治安问题的出现	4.040	3	0.257

数据来源：笔者，2015。

对居住时间这一变量运用 Kruskal – Wallis H 检验方法进行多个独立样本的非参数检验。由表11可知，社会道德标准下降、不良现象增加的显著性取值小于0.05，故不同居住时间的居民对这社会道德标准下降和不良现象增加这两个旅游影响因子的感知存在明显的差异。

4.7 不同类别的居民对旅游影响感知差异汇总

表12 不同类别的居民对旅游影响感知差异

	感知差异的旅游影响因子
性别	破坏自然环境
	增加环境的污染
	促进思想观念的进步
年龄	打扰日常生活
	不良现象增加
	消费水平高的游客带来不利影响
	增加治安问题
文化程度	0个
家庭人月平均收入	促进思想观念的进步
旅游收入比重	更多的就业机会
居住时间	社会道德标准下降
	不良现象增加

数据来源：笔者，2015。

对不同的性别、年龄、文化程度、家庭人月平均收入、旅游收入比重和居住时间的居民进行非参数检验所得到的感知差异结果进行汇总，得到表12的结果。由表12可知，不同类别的居民在26个有效旅游影响因子中存在感知差异的，不同文化程度的居民0个影响因子；不同家庭人月平均收入的居民和不同旅游收入比重的居民都分别只有1个；不同性别和居住时间的居民都分别只有2个影响因子；不同年龄阶段的居民有5个；也即6组不同类别的居民共有11个影响因子存在感知差异，占156个影响因子的7.05%。在这11个存在感知差异的影响因子中，"促进思想观念的进步"和"不良现象增加"影响因子都出现了2次，分别出现在"年龄、家庭人月平均收入"和"年龄、居住时间"各类别中。综合可知，作者对丹霞山居民进行了29个旅游影响因子的感知调查中的26个有效旅游影响因子中，丹霞山的居民只在破坏自然环境、增加环境的污染、促进思想观念的进步、打扰日常生活、不良现象增加、消费水平高的游客带来不利影响、增加治安问题的出现、更多就业机会和社会道德标准下降这9个旅游影响因子存在感知差异。

5 结论与建议

5.1 研究结论

5.1.1 丹霞山风景区的旅游发展为当地带来一定的就业机会

旅游的发展带动了年轻一族来景区附近创业或就业，52.9%的受访居民的年龄段集中25～44岁这一阶段，因此可看出景区附近的居民以25～44岁的青壮年为主。同时从我们所观察到的受访的居民的职业来看，大多都是以当地的个体户（如宾馆老板、商店老板、饭店老板）或景区里的就职人员为主，只有极少个别是来此闲玩的当地居民。同时据我们做问卷时的观察和访问也可明显感知到当地居民很乐意看到景区的发展由此而带来的商机和就业机会，因此，有个别商业个体户对景区附近在建的一个巨大的以五星酒店为主旅游休闲的旅游项目的态度持着明显的矛盾态度，一来是因为这些高级的旅游度假村的发展可以提升整个丹霞山景区的格调，带来更大更长远的发展；可是，另一方面也会给当地居民那些个体经营的酒店和宾馆业主带来巨大的威胁，当地居民所经营的酒店和宾馆的竞争力会大大减弱。

5.1.2 居民对丹霞山风景区发展所带来的影响感知因子主要集中七大因子

居民对丹霞山风景区发展所带来的影响感知因子主要集中在社会文化破坏因子、社会文化促进因子、经济积极影响因子、环境破坏因子、宏观环境积极影响因子、经济消极影响因子以及社会环境积极影响因子七个方面。居民对这七方面的旅游影响的感受颇深，有一定的认可感，也即丹霞山旅游发展在这七方面所带来的影响比较明显。

5.1.3 丹霞山的旅游发展成果显著，带来的联动效益明显

居民对丹霞山的旅游发展的影响感知存在一定的认同感，感知差异较少，6组不同类别的居民只对11个影响因子存在感知差异，占156个总有效影响因子的7.05%，也即丹霞山的旅游发展所带来的影响，当地的居民大多能感同身受。同时也就说明丹霞山的旅游发展成果显著，带来的联动效益明显。

5.1.4 丹霞山的旅游发展所带来的积极影响大于消极影响

丹霞山的旅游发展在"促进思想观念的进步和更多就业机会"的影响效果不显著，居民对"促进思想观念的进步和更多就业机会"这2个影响因子存在明显的感知差异，对另外13个积极影响因子的感知服从一定的相同分布，感知差异不明显。这2个积极影响只是15个积极影响因子的13.3%，也即居民对丹霞山的旅游发展带来的积极影响的认可度很高。丹霞山的旅游发展在"社会道德标准下降、破坏自然环境、增加环境的污染、打扰日常生活、不良现象增加、消费水平高的游客带来不利影响、增加治安问题的出现"这些消极影响中的效果不显著，居民对7个消极影响存在一定的感知差异，居民对"物价上涨、一小部分得到了好处、收入差距拉大和冲击优良传统"另外4个消极影响的感知服从同一分布，感知差异不显著。也即居民对63.6%的消极影响的感知存在显著差异，居民对丹霞山的旅游发展带来的消极影响的认可度不强。居民对旅游发展的影响感知是旅游发展所带来的效益的实际感知，综上所述，可从侧面说明丹霞山的旅游发展所带来的积极影响大于消极影响。

5.2 对丹霞山旅游发展的建议

5.2.1 在发展丹霞山旅游的同时应该为当地居民创造更多的就业机会

虽然丹霞山的旅游发展带来了一定的就业机会，吸引了众多青壮年来景区附近就业或创业，但是从对不同类别的居民进行旅游影响感知的非参数检验中得知，居民对"旅游发展提供更多的就业机会"这一感知差异显著可以得知丹霞山的旅游发展所带来的就业机会并没有达到居民的就业需求期望，也即丹霞山的旅游发展还应该为当地居民提供和创造更多的就业机会以真正实现旅游发展所带来的经济效益。如对在景区附近创业的个体户给予一定的政策优惠和鼓励政策，如铺位减租、税收减少、贷款支持、创业培训讲学，等等；鼓励景区及附近的旅游项目吸收当地居民作为劳动力的主力军。

5.2.2 继续保持良好的发展态势

由本研究可得知丹霞山的旅游发展所带来的影响积极的大于消极的，希望丹霞山的管理部门和政府部门继续保持这种正确的发展态度，在保护当地资源、环境，为居民带来最大良好效益的基础上进一步发展丹霞山旅游。尤其是在保护当地的自然资源、环境和发展当地文化、传统特色上，希望管理部门和政府部门能不因丹霞山旅游发展的壮大而忽略对这些核心要素保护和发展。

5.2.3 扩大丹霞山风景区的商业区，发展丹霞山相关的旅游文化活动，增强经济联动效益

笔者作为游客在丹霞山的游历经验深深感受到晚上留在丹霞山附近的旅舍里的真的很无聊，没什么可供娱乐的活动项目。同时在和受访居民的聊天中也得知选择在丹霞山景区附近逗留的游客不多，大部分游客来丹霞山都是一日游或者转车到韶关县城落脚，也即丹霞山不能留住客人，因此，由旅游而产生的经济效益就大大降低了。希望丹霞山风景区的管理部门和政府部门能有规划地扩大丹霞山风景区的商业区，如增设酒吧、商业街、小吃街、风情文化街或相关娱乐设施，等等；创建和丰富与丹霞山相关的文化活动，如旅游演艺活动、爬山/摄影文化沙龙等文化活动，吸引游客的兴趣，从而留住游客在丹霞山景区多待几天，扩大丹霞山旅游发展所带来的经济联动效益。

5.2.4 整合周边的旅游资源，扩大旅游圈，形成当地独特的旅游特色

笔者去丹霞山实地调查时发现景区附近正在建设一个大型的旅游度假村之类的旅游项目，同时由访问当地居民得知距离丹霞山12公里的周田镇有着丰富的温泉资源，而且周田镇是游客进入丹霞山风景区最近的一个中转站，这儿有2014年9月刚开通的丹霞山火车站。如果丹霞山风景区在整合周边的酒店、商店形成一个度假村的基础上，再联合周田镇的旅游资源，扩大丹霞山景区的旅游圈，形成客家特色的山水度假胜地，更能带动丹霞山的旅游发展，进一步扩大丹霞山的旅游影响，充分发挥丹霞山旅游的龙头效应带动仁化县甚至韶关市的旅游发展。

6 研究不足与展望

由于人力、时间、距离和个人学识等因素的限制，笔者没有对丹霞山附近的居民做深入的访谈和覆盖绝大部分居民的问卷调查，得出的结果只能反映一部分居民在最近一个时期对丹霞山的旅游发展的影响感知情况。旅游的发展可能还带来除了29个影响因子之外的其他因子的影响，同时笔者只对数据进行了因子分

析和非参数检验,所得的结果对实际情况的反映不是很全面。希望随着今后旅游影响感知的研究深入发展,能对丹霞山景区及同类景区旅游影响感知的不同时段、不同年份的纵向比较研究。同时也希望有更多的不同学科、不同背景的研究者继续丰富旅游影响感知研究方法和研究目的地,开阔研究视角、丰富旅游影响感知研究领域。

参考文献

[1] Doxey G V. A Causation Theory of visitor-resident Irritants, methodology and research inferences [A]. In Conference Proceedings: Sixth Annual Conference of Travel Research Association [C]. San Diego, 1975: 195 – 198.

[2] Ap J. Residents Perceptions on Tourism Impacts [J]. Annals of Tourism Research, 1992, 9: 665 – 690.

[3] Rothman R Resiengts. Transients: Community Reaction to Seasonal Visitors [J]. Annals of Tourism Research, 1978, 5 (1): 8 – 13.

[4] Belisle F, D Hoy. The Perceived Impact of Tourism by Residents: A Case Study in Santa Marta, Colombia [J]. Annals of TourismResearch, 1980, 7: 83 – 101.

[5] Mathieson A, G Wall. Tourism: Economic, Physical and Social Impacts [M]. Harlow: Longman, 1982.

[6] UmS, J L Crompton. Measuring Resident's Attachment Levels in a Host Community [J]. Journal of Travel Research, 1987, 26 (1): 27 – 29.

[7] Lankford S V, D R Howard. Developing a Tourism Impact Attitude Scale [J]. Annals of Tourism Research, 1994, 21: 121 – 139.

[8] Ap J, J L Crompton. Developing and Testing a Tourism Impact Scale [J]. Journal of Travel Research, 1998, 37 (2): 120 – 130.

[9] Pauline J. Sheldon, Teresa Abenoja. Resident Attitudes in A mature Destination: the Case of Waikiki [J]. Tourism Management, 2001, 22: 435 – 443.

[10] Mason P, J Cheyne. Residents' Attitudes to Proposed Tourism Development [J]. Annals of Tourism Research, 2000, 27: 391 – 411.

[11] WaittG. Social Impacts of the Sydney Olympics [J]. Annals of Tourism Research, 2003, 30 (1): 194 – 215.

[12] Kim S S, J F Petrickb. Residents' Perceptions on Impacts of the FIFA2002 World Cup: The Case of Seoul as a Host City [J]. Tourism Management, 2005, 26: 25 – 38.

[13] 谢婷. 变迁与影响——旅游影响下的时空分异 [M]. 北京: 清华大学出版社, 2010.

[14] 王莉, 陆林. 国外旅游地居民对旅游影响的感知与态度研究综述及启示 [J]. 旅游学刊, 2005 (3).

[15] 赵玉宗, 李东和, 黄明丽. 国外旅游地居民旅游感知和态度研究综述 [J]. 旅游学刊, 2005 (4).

[16] 王利平. 国内目的地居民对旅游环境影响感知研究综述 [J]. 山西科技, 2010, 25 (2): 23 – 24.

[17] 宣国富,章锦河,等.海滨旅游地居民对旅游影响的感知——海南省海口市及三亚市实证研究[J].地理科学,2002 (6).

[18] 陈金华,周灵飞.海岛居民对旅游影响感知的实证研究——以福建东山岛为例[J].地域研究与开发,2008,27 (2):90-94.

[19] 刘葆,苏勤,葛向东.传统古民居旅游地旅游影响居民感知的比较研究——以西递、周庄为例[J].皖西学院学报,2005 (2).

[20] 郭伟,柳玉清,张素梅,等.目的地居民对旅游影响的认知态度实证研究[J].中国人口资源与环境,2006,16 (5):57-61.

[21] 黄玉理.我国世界遗产地居民对旅游发展的态度与感知研究——以平遥古城为例[J].桂林旅游高等专科学校学报,2006 (1).

[22] 杨兴柱,陆林.城市旅游地居民感知差异及其影响因素系统分析——以中山市为例[J].城市问题,2005 (2).

[23] 王丽华.城市居民对旅游影响的感知研究[D].南京师范大学,2006.

[24] 李志飞.少数民族山区居民对旅游的感知和态度——以柴埠溪国家森林公园为例[J].旅游学刊,2006,21 (6).

[25] 陈楠,乔光辉,冯云飞.北京居民对重大事件影响的感知及参与合作意识关系研究——以北京2008年奥运会为例[J].兰州学刊,2008,(12):93-96.

[26] 欧阳军,屈杰豪,肖玲,等.澳门博彩旅游业的多维效应——一个5年的历时性对比研究[J].旅游学刊,2009,24 (2):18-24.

[27] 邹统钎,李涛,陈芸.基于对应分析法的遗产旅游影响感知差异研究[J].人文地理,2010,(4).

[28] 李丽.目的地居民对黑色旅游开发的态度研究[J].乐山师范学院学报,2009,3 (1).

[29] 黄玉理.旅游地居民对旅游的感知与态度研究[D].北京第二外国语学院,2006.

[30] 卢小丽,肖贵蓉.居民旅游影响感知测量量表开发的实证研究[J].旅游学刊,2008,(6):86-89.

[31] 欧阳润平,覃雪.目的地居民旅游感知量表研究[J].湖南大学学报:社会科学版,2010,24 (3):47-52.

[32] 张虎,田茂峰.信度分析在调查问卷设计中的应用[J].统计与决策,2007,21:25-27.

[33] 杜强,贾丽艳.spss统计分析从入门到精通[M].北京:人民邮电出版社,2010.

[34] 傅德印.因子分析统计检验体系的探讨[J].统计研究,2007 (06):86-90.

[35] 张林泉.非参数检验在高校绩效工资差异分析中的应用[J].辽宁工程技术大学学报(社会科学版),2013 (5).

[36] 吴明隆,涂金堂.SPSS与统计应用分析[M].大连:东北财经大学出版社,2012.

[37] 宣国富.海滨旅游地国内客流特性及居民感知研究——以三亚市为例[D].安徽师范大学,2002.

[38] 陈金华,周灵飞.海岛居民对旅游影响感知的实证研究——以福建东山岛为例[J].地域研究与开发,2008 (02):90-94.

[39] 刘葆,苏勤,葛向东.传统古民居旅游地旅游影响居民感知的比较研究——以西递、周庄为例[J].皖西学院学报,2005 (02):64-68.

[40] 郭伟,柳玉清,张素梅,等.目的地居民对旅游影响的认知态度实证研究[J].中国人

[41] 黄玉理. 我国世界遗产地居民对旅游发展的态度与感知研究——以平遥古城为例 [J]. 桂林旅游高等专科学校学报, 2006 (01): 124-128.

[42] 王丽华. 城市居民对旅游影响的感知研究 [D]. 南京师范大学, 2006.

[43] 杨兴柱, 王群. 我国城乡旅游地居民参与旅游规划与发展研究 [J]. 旅游学刊, 2006 (04): 32-37.

[44] 李志飞. 少数民族山区居民对旅游影响的感知和态度——以柴埠溪国家森林公园为例 [J]. 旅游学刊, 2006 (02): 21-25.

[45] 陈楠, 乔光辉, 冯云飞. 北京居民对重大事件影响的感知及参与合作意识关系研究——以北京2008年奥运会为例 [J]. 兰州学刊, 2008 (12): 93-96.

[46] 欧阳军, 屈杰豪, 等. 澳门博彩旅游业的多维效应——一个5年的历时性对比研究 [J]. 旅游学刊, 2009 (02): 18-24.

[47] 邹统钎, 李涛, 陈芸. 基于对应分析法的遗产旅游影响感知差异研究 [J]. 人文地理, 2010 (04): 104-108.

[48] 李丽. 目的地居民对黑色旅游开发的态度研究 [J]. 乐山师范学院学报, 2010 (03): 96-98.

Research on Residents Perception of Tourism Impact of Mountain Danxia Scenic Area

Li Kunyi

Abstract: The author has conducted factor analysis and nonparametric tests influencing tourist impact of the residents of Danxia Mountain Scenic Spot through field survey, interview and questionnaire. Seven principal factors have been found influencing tourist impact of Danxia Mountain Scenic Spot, including Social and cultural damage factor, social cultural promote factor, positive economic impact factor, environment destruction factor, positive macroeconomic environment impact factors, negative economic impact factor and positive social environment influence factor; The differences of residents' perception of these influence factors through nonparametric test. The residents had exist differences perception in "promote the ideas of progress, increase the sense of pride, more employment opportunities", Tourism development is not significant on the effect of these factors; Differences in perception of residents on the tourism development of negative effects more than positive effects, the positive influence of Mount Danxia tourism development effect is greater than negative effects. Finally, the author gives corresponding suggestions based on the research results.

Key words: Danxia Mountain Scenic Spot tourism impact perception; Factor analysis; nonparametric tests

基于投入产出模型的旅游业与农业产业关联分析
——以浙江省为例

司有山

摘 要：本文基于投入产出模型，利用浙江省2002年、2007年和2012年三年的投入产出基础表的相关数据，从消耗系数、分配系数、感应度系数及影响力系数四个方面分析浙江省旅游业与农业的产业关联情况。研究发现：第一，浙江旅游业表现出了对农业的需求拉动作用明显弱化，直接推动作用几乎没有，但间接推动作用增强；第二，浙江旅游业和农业之间的融合以旅游业的主动融合为主，旅游业对农业发展的间接影响力较强，直接拉动作用在减弱，直接推动作用几乎没有，两个产业之间的关联主要体现在后向关联；第三，融合度有待提高，浙江旅游业对农业发展的支撑力不足，且有所下降，农业基本不直接消耗旅游业部门产品或服务；第四，旅游业关联程度远远高于全部产业关联度的平均水平，整体关联度较高，仅次于第二产业。

关键词：旅游业；农业；投入产出模型；产业关联；产业融合

1 研究背景

旅游业是兼具经济、社会、环境和文化四大功能的现代朝阳产业[1]，对世界经济的持续增长发挥着日益显著的重要作用。随着旅游产业的迅速发展，旅游业态逐步从观光旅游转向休闲度假，旅游发展动力由资源驱动向资源、资本、市场等多元创新驱动转变，而产业融合将使得旅游业突破传统旅游景观资源的局限，获得更多其他产业的资源要素支撑，满足旅游市场的多元需求。旅游产业与生俱来的综合性强、关联性高、带动作用大等特点，以及农业资源的丰富性和广泛性，使得农旅产业的互动融合发展具有可行性和必要性。产业关联是产业融合的基础，要度量和测评农旅产业融合的状态和程度，有必要先对农旅产业的产业关联进行分析。

本研究以整理过的浙江省2002年（18部门）、2007年（19部门）、2012年（19部门）投入产出基础表数据为分析依据，运用投入产出法测度旅游业与农业的产业关联效应，不仅有助于分析两类产业的前后向联系，而且对于深化旅游产业融合理论，为地方政府部门加强农旅互动融合，拓宽旅游发展空间，丰富旅游产品，创新旅游业态，夯实农业产业基础，增强农业发展动力等都具有重要的现实意义。

2 研究方法与数据整理

2.1 研究方法

投入产出法是美国经济学家列昂惕夫（Wassily W Leontief）[2]于1936年首次提出的，主要运用投入产出（Input – Output）模型对经济问题进行定量分析。随着旅游业在国民经济中的地位越来越重要，学术界开始陆续关注旅游业的产业关联及产业波，并多数成果是运用列昂惕夫的投入产出分析法。投入产出模型是综合性较强、分析内容较全面的旅游经济分析工具，它能够对国民经济各部门之间、地区之间以及社会再生产各领域之间的比例关系进行分析。2001年，李江帆[3]运用投入产出模型来研究广东省旅游业，该研究利用1992年广东省投入产出表数据研究旅游业的产业关联及产业波。而后，乔玮[4]用上海市2002年投入产出表分析定量了上海市国内旅游对经济产出和收入的直接和乘数影响。宋增文[5]突破旅游产业研究的省域限制，基于2002年中国投入产出表研究中国旅游业产业关联度。王燕[6]等基于新疆2002年投入产出表，定量分析新疆旅游业的投入结构、产出结构、中间需求率、中间投入率、感应度及感应度系数、影响力及影响力系数等重要指标。崔峰[7]等也是运用投入产出模型，基于2005年浙江省投入产出表，定量测度浙江省旅游业的产业关联与产业波及效应。随着产业融合提法的逐步流行，王琪延[8]等基于2007年北京市投入产出表，利用RAS法编制2010年北京市18部门投入产出表，分别对2002年、2005年、2007年及2010年北京市投入产出表进行时间序列分析。

在总结前人研究的思路和方法后，作者觉得有三个方面可以改进。第一，大多数学者做了单个时间的静态分析，少有学者对连续的时间序列分析。第二，少数做了连续时间序列分析的学者，基于的投入产出表类型也是基础表夹杂着延长表。第三，学者进行投入产出表行业部门调整及数据优化处理时，没有具体且严谨的分析和计算步骤。本文基于投入产出模型，利用整理过的浙江省2002年（18部门）、2007年（19部门）、2012年（19部门）投入产出基础表中的数据，从产业关联度入手来测度浙江省旅游业与农业之间的产业融合度。

2.2 指标设计

2.2.1 产业关联状态

直接消耗系数，也称为投入系数，记为$a_{ij}(i,j=1,2,\cdots,n)$，它是指在生产经营过程中第j产品（或产业）部门的单位总产出直接消耗的第i产品部门货物或服务的价值量。将各产品（或产业）部门的直接消耗系数用表的形式表现就是直接消耗系数表或直接消耗系数矩阵，通常用字母 A 表示。直接消耗系数的计算方法为：用第 j 产品（或产业）部门的总投入 X_j 去除该产品（或产业）部门生产经营中直接消耗的第 i 产品部门的货物或服务的价值量 x_{ij}，用公式表示为：

$$a_{ij} = \frac{x_{ij}}{X_j} \qquad (i,j = 1,2,\cdots,n) \tag{1}$$

完全消耗系数，通常记为 b_{ij}，是指第 j 产品部门每提供一个单位最终使用时，对 i 产品部门货物或服务的直接消耗和间接消耗之和，利用直接消耗系数矩阵 A 计算完全消耗系数矩阵 B 的公式为：

$$B = (I - A)^{-1} - I$$

分配系数，是指国民经济各部门提供的货物和服务（包括进口）在各中间使用和最终使用之间的分配使用比例。用公式表示为：

$$h_{ij} = \frac{x_{ij}}{X_i + M_i} \qquad (i = 1,2,\cdots,n; j = 1,2,\cdots,n,n+1,\cdots,n+q) \tag{2}$$

当 $j = 1,2,\cdots,n$ 时，x_{ij} 为第 i 部门提供给第 j 部门中间使用的货物或服务的价值量；$j = n+1, n+2, \cdots, n+q$ 时，x_{ij} 为第 i 部门提供给第 j 部门最终使用的货物或服务的价值量；q 为最终使用的项目数。M 为进口，$X_i + M_i$ 为 i 部门货物或服务的总供给量（国内生产+进口）。

中间投入率，通常记为 k_j，是指某产业部门在一定时期内（通常为一年），生产过程中的中间投入与总投入之比。其计算公式为：

$$k_j = \frac{\sum_{i=1}^{n} x_{ij}}{\sum_{i=1}^{n} x_{ij} + N_j} \qquad (j = 1,2,\cdots,n) \tag{3}$$

中间投入率指标反映各产业部门在生产过程中，为生产单位产值的产品需从其他各产业部门购进的原料在其中所占的比重。附加价值率与中间投入率之和为 1，当某产业部门的中间投入率越高，该产业部门的附加价值率就越低，反之亦然。

中间需求率，是指某一产业部门产品的中间需求之和与整个国民经济对该部门产品的总需求之比。其计算公式为：

$$G_i = \frac{\sum_{j=1}^{n} x_{ij}}{\sum_{j=1}^{n} x_{ij} + N_i} \qquad (i = 1,2,\cdots,n) \tag{4}$$

这个指标反映了各产业部门的总产品中有多少作为中间产品，即原材料为各产业作需求。中间需求率越高，表明该产业部门就越带有原材料产业的性质。中间需求率与最终需求率之和为 1，可比较精确地计算出各产业部门产品用于生产资料和消费资料的比例，从而较准确地把握各产业部门在国民经济中的地位与作用。

2.2.2 产业关联度

影响力系数是反映国民经济某一部门增加一个单位最终使用时,对国民经济各部门所产生的生产需求波及程度。影响力系数 F_j 的计算公式为:

$$F_j = \frac{\sum_{i=1}^{n} \overline{b_{ij}}}{\frac{1}{n}\sum_{i=1}^{n}\sum_{j=1}^{n} \overline{b_{ij}}} \qquad (i,j=1,2,\cdots,n) \tag{5}$$

其中,$\sum_{i=1}^{n} \overline{b_{ij}}$ 为里昂惕夫逆矩阵的第 j 列之和,表示 j 部门增加一个单位最终产品,对国民经济各部门产品的完全需要量;$\frac{1}{n}\sum_{i=1}^{n}\sum_{j=1}^{n} \overline{b_{ij}}$ 为列昂惕夫逆矩阵的列和的平均值。

当 $F_j > 1$ 时,表示第 j 部门的生产对其他部门所产生的波及影响程度超过社会平均影响水平(即各部门所产生波及影响的平均值);当 $F_j = 1$ 时,表示第 j 部门的生产对其他部门所产生的波及影响程度等于社会平均影响水平;当 $F_j < 1$ 时,表示第 j 部门的生产对其他部门所产生的波及影响程度小于社会平均影响水平。显然,当影响力系数 F_j 越大,表示第 j 部门对其他部门的拉动作用越大。

感应度系数是反映国民经济各部门均增加一个单位最终使用时,某一部门由此而受到的需求感应程度。感应度系数 E_i 计算公式为:

$$E_i = \frac{\sum_{j=1}^{n} \overline{b_{ij}}}{\frac{1}{n}\sum_{i=1}^{n}\sum_{j=1}^{n} \overline{b_{ij}}} \qquad (i,j=1,2,\cdots,n) \tag{6}$$

其中,$\sum_{j=1}^{n} \overline{b_{ij}}$ 为列昂惕夫逆矩阵的第 i 行之和,反映当国民经济各部门均增加一个单位最终使用时,对 i 部门的产品的完全需求;$\frac{1}{n}\sum_{i=1}^{n}\sum_{j=1}^{n} \overline{b_{ij}}$ 为列昂惕夫逆矩阵的行和的平均值,反映当国民经济各部门均增加一个单位最终使用时,对全体经济部门产品的完全需求的均值。

当 $E_i > 1$ 时,表示第 i 部门受到的感应程度超过社会平均感应度水平(即各部门所受到的感应度的平均值);当 $E_i = 1$ 时,表示第 i 部门受到的感应程度等于社会平均感应度水平;当 $E_i < 1$ 时,表示第 i 部门受到的感应程度小于社会平均感应度水平。

2.3 数据来源

本研究基础数据来自《2002年浙江省投入产出表》（42部门）、《2005年浙江省投入产出表》（42部门）、《2007年浙江省投入产出表》（42及144部门）、《2010年浙江省投入产出表》（42部门）和《2012年浙江省投入产出表》（42及139部门）以及相关年份《浙江统计年鉴》。在2007年整理的19部门投入产出表的基础上，利用一元回归法预测2012年19部门投入产出表中旅游部门的相关数据。再利用Maltab编程迭代法（RAS法）来求解出2012年19部门投入产出表的流量表。最后文章的投入产出模型建立在《2002年浙江省投入产出表》（18部门）、《2007年浙江省投入产出表》（19部门）及《2012年浙江省投入产出表》（19部门）等基础表的数据基础上，对浙江省农业与旅游业进行关联度分析。

注：投入产出表每5年编制一次，其中逢2、逢7年份编制基本表，逢0、逢5年份编制延长表。

2.4 数据整理

本研究对相应年份投入产出表的数据分析发现，2002年和2005年浙江省投入产出表42部门数据有单独分离出旅游业部门相关数据。而2007年开始，浙江省投入产出表分为42部门和144部门，42部门投入产出表把旅游业与租赁商贸业合并在一起，144部门将这两个部门分开。2010年及2012年浙江省投入产出表都没有单独分离出旅游业部门数据，所以本研究基于2002年、2005年及2007年投入产出表中旅游业在旅游业与租赁商贸之和中的占比，利用一元回归预测，结合相应年份《浙江省统计年鉴》中各行业的相关数据，推算2012年旅游业部门的总产品、最终产品和增加值，如表1所示。基于2007年19部门的投入产出表，利用RAS法推算出2012年含旅游业部门的投产出表，具体步骤如下：

第一步，核对所得年份的投入产出表，并将相关的产业部门合并，得到2002年18部门投入产出表、2007年19部门投入产出表、2012年18部门投入产出表，具体对比图见表1。

表1 2002年、2007年及2012年投入产出表对比

年份	产业部门数量/个	特征
2002	18	不含水利、环境和公共设施管理业；旅游部门与租赁业和商务服务业分开
2007	19	包含水利、环境和公共设施管理业；旅游部门与租赁业和商务服务业分开

(续上表)

年份	产业部门数量/个	特征
2012	19	包含水利、环境和公共设施管理业；旅游部门与租赁业和商务服务业合并

数据来源：2002—2012年浙江省投入产出表。

第二步，基于2002年、2005年及2007年投入产出表中旅游部门及租赁业和商务服务业部门的总产品、最终产品和增加值，利用一元回归预测2012年旅游部门的总产品、最终产品和增加值，把旅游部门的数据从租赁业和商务服务业部门中分离出来，得到的结果见表2。

表2 2002年、2005年、2007年及2012年旅游部门总产品、最终产品及增加值

年份	2002	2005	2007	2012
总产品	342286.9	838835.5	1498194	2550419.174
最终产品	38740.2	95941.5	198541	337984.3368
增加值	319357.8	750269.4	1127401	1907068.242

数据来源：同上。

第三步，基于2007年19部门投入产出表所有数据的基础上，结合2012年19部门投入产出表中各部门的总产品、最终产品及增加值，利用matlab 7.0软件编制RAS迭代，计算出2012年19部门投入产出表中的第一象限的具体数值，结果精确到小数点后9位。

3 浙江旅游业与农业的产业关联度分析

3.1 产业关联状态分析

基于2002—2012年浙江省投入产出表，分别计算了旅游业对农业的消耗系数和分配系数，农业对旅游业的消耗系数和分配系数，旅游业对农业的投入率和需求率，以及农业对旅游业的投入率和需求率。为了更直观地体现旅游产业与农业的融合情况，本文将系数和投入率分开整理，展现在两张表中分别进行对比分析，计算结果分别见表3、表4所示。

3.1.1 消耗系数和分配系数

表3 浙江省旅游业与农业的消耗系数和分配系数

关联状态系数		2002年	2007年	2012年
旅游业对农业的相关系数	直接消耗系数	0.000424206	0.000009345	0.000009723
	完全消耗系数	0.073199925	0.086484872	0.06958332
	直接分配系数	0	0	0
	完全分配系数	0.001249944	0.009624561	0.006035638
农业对旅游业的相关系数	直接消耗系数	0	0	0
	完全消耗系数	0.000036154	0.000903107	0.000578989
	直接分配系数	0.00001227	0.000000877	0.000000933
	完全分配系数	0.002117267	0.008115183	0.006675016

数据来源：同上。

（1）时间序列分析

1）旅游业对农业

从投入角度看，直接消耗系数总体有所降低，且2002—2007年的降幅尤其显著，三个时段的直接消耗系数分别为 0.000424206、0.000009345、0.000009723。完全消耗系数呈现先增后减的趋势，总体变化不大，分别为 0.073199925、0.086484872、0.06958332。完全消耗系数由直接消耗系数和所有间接消耗系数构成，而浙江省旅游业对农业的直接消耗系数总体呈下降趋势，完全消耗系数却总体保持增长趋势，说明浙江省旅游产业直接消耗的农业部门产品有所下降，旅游业与农业之间的技术经济联系程度愈来愈低，而旅游业与农业之间的间接技术经济联系的密切程度有相对增强之势。

从产出角度看，直接分配系数在三个时段上也未曾发生变化，一直保持为0。完全分配系数则呈现先增后减的状态，大体呈上升趋势，三个时段的完全分配系数分别为 0.001249944、0.009624561、0.006035638。完全分配系数由直接分配系数和所有间接分配系数构成，直接分配系数一直为0表示浙江省旅游业部门产品分配给农业部门作为中间产品直接使用的价值都是0，即浙江省旅游业对农业没有直接供给的推动作用，而完全分配系数的增加同样说明浙江省旅游业与农业之间的间接技术经济联系的密切程度在增加。

2）农业对旅游业

从投入角度看，直接消耗系数在三个时段上都未发生变化，一直保持为0。完全消耗系数在2005年有大幅提升，而到2012年又有所下滑，总体上保持上升趋势，分别为 0.000036154、0.000903107、0.000578989。农业对旅游业的直接消耗系数三个时段都为0，说明农业的发展几乎不直接消耗旅游业部门的产品或服务，而完全消耗系数的总体增长态势说明农业部门对旅游业部门产品或服务的间接消耗有所增加，农业与旅游业之间只有间接的技术经济联系，即目前浙江农业的发展对旅游业部门只有间接带动作用，且这种间接带动作用有增强之势。

从产出角度看，直接分配系数总体呈逐渐下降态势，分别为 0.00001227、0.000000877、0.000000933。而完全分配系数总体上呈增长态势，分别为 0.002117267、0.008115183、0.006675016。直接分配系数的总体下降趋势说明浙江省农业部门产品分配给旅游业部门作为中间产品直接使用的价值占农业部门总产值的比重有所下降，即浙江省农业对旅游业的直接供给推动作用有所下降，而完全分配系数的增加，则说明浙江省农业与旅游业之间的间接技术经济联系的密切程度在增加。

（2）空间对比分析

1）总体分析

2002—2012 年浙江省旅游业对农业和农业对旅游业的直接消耗系数与完全消耗系数、直接分配系数和完全分配系数的差值都相当大，说明不管是从投入角度还是产出角度而言，旅游业与农业之间的直接技术经济联系密切程度降低，而间接技术经济联系密切程度增加，且间接技术经济联系程度远远大于直接技术经济联系，说明浙江省旅游业与农业的联系主要是通过其他产业部门将旅游部门的产品或服务转化成农业部门的需要的产品或服务。

2）细节分析

就比较要素之间的大小关系而言，2002—2012 年浙江省旅游业对农业的直接消耗系数要大于农业对旅游业的直接消耗系数，表明浙江省旅游业部门产品的单位总产出直接消耗农业部门产品的价值量要高于农业部门产品的单位总产出直接消耗旅游业部门产品的价值量，农业部门产品基本不直接消耗旅游业部门的产品。而旅游业对农业的直接分配系数小于农业对旅游业的直接分配系数，表明农业部门产品分配给旅游业部门作为中间产品直接使用的价值量要大于旅游业部门产品分配给农业部门作为中间产品直接使用的价值量。就各要素时间比较而言，2007 年是比较特殊的节点，不管是旅游业对农业还是农业对旅游业，它们的完全消耗系数和完全分配系数都在 2007 年达到峰值，而后下降，完全分配系数的增速分别达到 9 倍和 6 倍，说明旅游业部门与农业部门之间的间接技术经济联系在 2007 年最为密切。

3.1.2 投入率和需求率

表4 浙江省旅游业与农业的投入率和需求率

年份	旅游业中间投入率	旅游业中间需求率	农业中间投入率	农业中间需求率
2002	0.886819507	0.491018499	0.391277226	0.777459997
2007	0.867479779	0.3938542	0.382442032	0.730247432
2012	0.867478907	0.252253017	0.372663752	0.812677798
均值	0.873926064	0.379041905	0.38212767	0.773461742

数据来源：同上。

(1) 中间投入率

由表4结果可知，2002—2012年浙江省旅游业中间投入率的均值为0.873926064，表明浙江省旅游业部门总产出中约87.32%来源于中间投入，约12.68%来源于旅游产业增加值。相比较农业中间投入率而言，农业中间投入率三时段的均值只有0.38212767，表明浙江省农业部门总产出中约38.21%来源于中间投入，约61.79%来源于农业产业增加值。换言之，浙江省旅游业在很大程度上需要其他产业的产品作为中间投入的生产要素，因此，在国民经济中属于后续产业，与其先行产业具有较强的产业关联性。从这个角度也可以解释为什么旅游业部门对农业部门产品或服务有直接消耗，而农业部门对旅游业部门产品或服务没有直接消耗。

(2) 中间需求率

2002—2012年浙江省旅游业中间需求率的均值为0.379041905，表明浙江省旅游业部门的产品约37.9%被用作国民经济各产业部门的生产要素，约62.1%被当作最终产品被消费。相比较农业中间投入率而言，农业中间投入率三时段的均值只有0.773461742，表明浙江省农业部门的产品约77.35%被用作国民经济各产业部门的生产要素，约22.65%被当作最终产品被消费。

3.2 产业关联度分析

基于2002—2012年浙江省投入产出表，分别计算了相应年份旅游业部门的影响度系数和感应力系数。结果见表5。

表5 旅游业部门的影响度系数和感应力系数

年份	影响度系数	感应力系数
2002	1.532296198	0.74891098
2007	1.42630248	0.484925592

（续上表）

年份	影响度系数	感应力系数
2012	1.292245765	0.437900934

数据来源：同上。

由表 5 可知，2002—2012 年浙江省旅游业部门的影响度系数分别为 1.532296198、1.42630248、1.292245765，感应力系数分别为 0.74891098、0.484925592、0.437900934。从数值结果来看，由于影响度系数均大于 1，感应度系数均小于 1，说明浙江旅游业部门的生产对其他部门所产生的波及影响程度超过社会平均影响水平，而旅游部门受到的感应程度小于社会平均感应度水平。从数值比较来看，影响力系数大于感应度系数。一方面，说明浙江旅游业对当地国民经济产生的需求拉动作用大于国民经济增长对旅游业发展的影响作用；另一方面，也说明旅游业对国民经济的需求拉动作用大于旅游业发展对国民经济产生的支撑效应和推动作用。从时间上比较而言，2002—2012 年浙江省旅游业部门的影响力系数和感应度系数整体均呈下降趋势，说明浙江旅游业对当地国民经济的总体影响作用越来越弱。由图 1 可知，2002—2012 年旅游业部门影响力系数的均值远远高于 19 部门的平均值，仅次于第二产业位列第 2，而感应度系数位列第 9。从整体来看，浙江旅游产业的产业关联度基本上高于全部产业关联度的平均水平，且主要体现为与其他产业的后向关联，浙江旅游产业整体前向关联度仍具有较大提升空间。

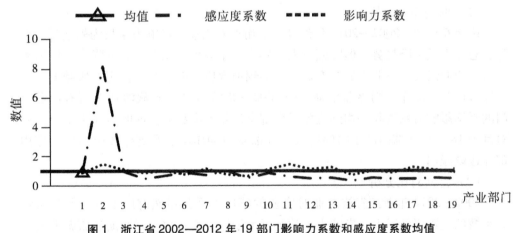

图 1　浙江省 2002—2012 年 19 部门影响力系数和感应度系数均值

为进一步分析浙江旅游业与农业的融合现状，本研究借鉴王琪延（2013）在分析北京旅游业与农业融合研究中的方法，对影响力系数和感应度系数的计算公式略为修改，调整后公式如式（7）、（8）所示：

$$F_{1j} = \frac{\overline{b_{1j}}}{\frac{1}{n}\sum_{i=1}^{n}\sum_{j=1}^{n}\overline{b_{ij}}} \quad (i,j = 1,2,\cdots,n) \tag{7}$$

$$E_{i1} = \frac{\overline{b_{i1}}}{\frac{1}{n}\sum_{i=1}^{n}\sum_{j=1}^{n}\overline{b_{ij}}} \quad (i,j = 1,2,\cdots,n) \tag{8}$$

其中，F_{1j} 表示某产业 j（本研究为旅游业）对农业的影响力系数，E_{i1} 表示某产业 i（本研究为旅游业）对农业的感应度系数。根据式（7）、式（8），本文分别计算了浙江旅游业对农业的影响力系数和感应度系数，以此度量旅游业与农业的后向、前向关联度，计算结果如表6所示。

表6 旅游业影响力系数与感应度系数

年份	旅游业对农业		旅游业对所有产业	
	影响力系数	感应度系数	平均影响力系数	平均感应度系数
2002	0.028572145	0.000014112	0.080647168	0.039416367
2007	0.033578225	0.000350636	0.075068552	0.0255224
2012	0.026581524	0.00022118	0.068012935	0.023047418

数据来源：同上。

（1）时间序列分析

由表6可知，2002—2012年浙江省旅游业对农业的影响力系数为先上升后下降，总体上呈下降趋势，但降幅不大。感应度系数也是先上升后下降，总体增幅较大。说明浙江旅游业发展对农业产生的辐射效应和需求拉动作用有所减弱，而支撑效应和推动作用则逐渐增强。而2002—2012年浙江省旅游业对所有产业部门的平均影响力系数和平均感应度系数都是逐年下降趋势，说明浙江旅游业发展对其他18个产业部门产生的辐射效应和需求拉动作用以及支撑效应和推动作用都在逐渐减弱。

（2）空间对比分析

2002—2012年浙江省旅游业对农业的感应度系数虽然有所上升，但与影响力系数的差距仍然巨大，影响力系数远远大于感应度系数，表明浙江旅游业发展对农业的需求拉动作用大于旅游业对农业的推动作用，二者之间的后向关联度大于前向关联度，这与消耗系数和分配系数分析所得到的结论相吻合。旅游业对农业的影响力系数和感应度系数都不高，均远小于旅游业对所有产业的平均影响力系数和平均感应度系数，说明浙江旅游业与农业之间的关联程度并不高，在未来旅游业与农业的融合发展进程中仍具有很大的提升空间。

3.3 结论

根据对浙江旅游业与农业关联状态和关联度的分析，归纳总结出如下几点结论：

第一，浙江旅游业表现出了对农业的需求拉动作用明显弱化，直接推动作用几乎没有，但间接推动作用增强，以旅游业的主动融合为主，两个产业之间的关联度也在逐渐提高。2002—2007 年，旅游业对农业的直接消耗系数从 0.000424206 降到了 0.000009723，降幅了许多。三年的直接分配系数均为 0，说明旅游业对农业几乎没有推动作用。三年的间接分配系数却在增强，表明旅游业对农业的间接推动作用增强。浙江旅游业的快速发展增加了对农业产品的需求量，从而对农业的发展产生需求拉动作用，但这种拉动作用有所弱化。旅游业部门产品或服务基本没有分配给农业部门作为中间产品直接使用，直接推动作用几乎没有。旅游业对农业的消耗系数大于农业对旅游业的消耗系数，旅游业对农业的拉动作用大于农业对旅游业的拉动作用，农旅产业融合中，旅游也较为主动。这与朱海艳[9]在旅游产业对农业主动融合的实证研究中得出的结论一致，旅游产业对农业的融合属于旅游产业的主动融合模式。旅游业对农业的影响力系数比较稳定，感应度系数增幅明显，说明旅游业与农业之间的产业关联度也在逐渐提高。

第二，浙江旅游业对农业发展的间接影响力较强，直接拉动作用在减弱，直接推动作用几乎没有，两个产业之间的关联主要体现在后向关联，前向关联较弱，旅游业发展对农业发展的需求拉动作用要大于旅游业对农业发展的推动作用。在 2002—2012 年三个时段中，每个时段浙江省旅游业对农业的影响力系数要超过感应度系数的 95 倍以上，差距非常明显，两个产业之间的后向关联远大于前向关联。王琪延在分析北京农业与旅游业的产业融合时也得出农旅产业关联以后向为主，结论较为一致。

第三，浙江旅游业与农业的融合度有待提高，旅游业对农业发展的支撑力不足，且有所下降，农业基本不直接消耗旅游业部门产品或服务。旅游业部门的产品大多被当作最终产品被消费，农业部门的产品大多被用作国民经济各产业部门的生产要素，农业的发展水平对旅游产业的发展具有一定程度的影响。这与崔峰基于 2005 年浙江省投入产出表，分析旅游业的中间投入与中间需求时的结论一致。

第四，根据影响力系数和感应度系数的计算结果，从整体来看，浙江旅游业关联程度远远高于全部产业关联度的平均水平，整体关联度较高，仅次于第二产业。但具体来看，浙江旅游业与农业的关联程度则较低，旅游业对农业的影响力系数和感应度系数都远小于旅游业对所有产业的平均影响力系数和平均感应度系数，即浙江旅游业与农业的融合度处于比较低的水平，在未来融合发展进程中，旅游业与农业的融合程度具有较大的提升空间。

参考文献

[1] 付蓉. "全国旅游业可持续发展研讨会"综述 [J]. 旅游学刊, 1998 (3): 9–12.

[2] Leontief W W. Quantitative input and output relations in the economic systems of the United States [J]. The Review of Economic Statistics, 1936, 18 (3): 105–125.

[3] 李江帆, 李冠霖, 江波. 旅游业的产业关联和产业波及分析——以广东为例 [J]. 旅游学刊, 2001, 16 (3): 19–25.

[4] 乔玮. 用投入产出模型分析旅游对上海经济的影响 [J]. 经济地理, 2006, 26 (S2): 63–66, 86.

[5] 宋增文. 基于投入产出模型的中国旅游业产业关联度研究 [J]. 旅游科学, 2007, 21 (2): 7–12, 78.

[6] 王燕, 王哲. 基于投入产出模型的新疆旅游业产业关联及产业波及分析 [J]. 干旱区资源与环境, 2008, 22 (5): 112–117.

[7] 崔峰, 包娟. 浙江省旅游产业关联与产业波及效应分析 [J]. 旅游学刊, 2010, 25 (3): 16–17.

[8] 王琪延, 徐玲. 基于产业关联视角的北京旅游业与农业融合研究 [J]. 旅游学刊, 2013, 28 (8): 102–110.

[9] 朱海艳. 旅游产业融合模式研究 [D]. 西安: 西北大学, 2014: 54.

Input-output Model Based Analysis on Connection Degree between the Tourism Industry and Agriculture Industry of Zhejiang Province

Si Youshan

Abstract: Based on the input-output model, the author analyzes the correlation between the tourism industry and agriculture industry of Zhejiang province from four aspects-consumption coefficients, distribution coefficient, induction degree coefficient and influence coefficient, using the data of the input-output forms in the years of 2002, 2007 and 2012. And the research results show that: first, tourism exerts significant effect on the demand of agriculture, little direct role on promoting, but indirect role on reinforcement; second, the tourism industry plays an important role on the integration between tourism and agriculture. Tourism had a strong indirect influence, weakening direct pilling role and little direct promoting role to agricultural development. The link between the two industries is mainly manifested in the post-association; third, the alignment between them needs to be improved. The support of tourism was weak and even declining. Agriculture basically didn't consume the product or service of tourism department; Fourth, Industry connection degree of tourism is far higher than the average level of the entire industry connection degree, just behind that of that of second industry.

Key words: Tourism; Agriculture; Input-output Model; Industry Connection Degree; Industry Integration

旅游创意园区的发展研究——以清明上河园为例

张 薇

摘 要：本文将通过对清明上河园各方面的调查，并对该园区现有的运行模式进行分析与探究，深入探索清明上河园的文化底蕴和魅力，结合现有理论知识及各大城市创意园区的发展指出清明上河园发展中的问题与不足，根据近几年来国内外旅游创意园区崛起与发展的经验，结合现有的理论性学说，指出关于旅游创意园区发展的理论依据和方法，并提出良好发展的解决方法和策略。从而对新兴旅游创意园区有一个充分而全面的认识，结合景区自身的文化底蕴，发挥其优势，促进国内外各个旅游创意园区健康向上可持续的发展。

关键词：创意；创意旅游；旅游创意园区；清明上河园

1 引言

1.1 旅游创意园区的概念

创意旅游是指以旅游者与旅游目的地之间的创意性互动为核心要素的一项旅游产品，旅游者通过此过程实现知识或技能的输入，开发个人创意潜能，形成个性化的旅游体验及旅游经历[2]。创意旅游并非为创意与旅游的简单合并，并非只要添加了创意元素的旅游产品均可称为创意旅游，而创意旅游园区是应旅游者日益高涨的精神文化需求以及旅游目的地实现可持续发展的需要而产生的一项新兴旅游产品。

旅游创意园区是指为了满足旅游者创意旅游的需求，在旅游产业的发展过程中，运用创意产业的思维方式和发展模式，向旅游者提供高端的创意旅游产品或服务的企业、组织或机构的集合[4]。创意旅游与旅游园区的高度结合形成了旅游创意园区，创意旅游与旅游园区密不可分，它注重创意，对文化艺术有着很强的依赖性。另外也与创意产业在发展过程中所需要的各种资源紧密相连，主要指那些因创意产业的集聚效应形成的一系列资源，有形的或是无形的。旅游创意园区的主导产业必须以创意为主要核心，配备咨询、中介、知识产权保护、人才培训、投融资等完善的公共服务平台，相对成熟的园区还应有完整的产业链条。

1.2 旅游创意园区的起源

创意产业的勃兴提升了世人的创意意识，"创意"一词也变得家喻户晓，创意产业的巨大威力令人咋舌，人们对创意的需求也日益强烈，于是，对创意的渴求便催生了创意旅游，创意元素的融入为旅游业的发展注入了新的活力，促进了旅游业的深层次发展。随着经济的发展，人们日益增长的物质需求和精神需求要求我们不断探索新的旅游方式和途径。创意旅游的兴起则是顺应市场的，是对市场需求进行挖掘后产生的具有市场引导性的旅游产品，当然，创意旅游能够投入市场也是建立在一定的供给基础上的，供需结合使创意旅游成为可能[2]。

而旅游创意园区是创意旅游催生的一种旅游产品，它的知识性、文化性和创造性，使其具有很强的产业融合力。在旅游产业集群化发展趋势以及旅游产品越来越呈现出旅游创意产业特点的背景下，创意与旅游业的融合产生了旅游创意产业，而旅游创意产业在特定空间的集聚构成了旅游创意园区。

1.3 旅游创意园区的基本特征

旅游创意园区作为一种概念化的现代旅游目的地形态，它的建设和发展，在合理配置区域旅游资源、提升区域核心竞争力、优化区域产业结构等方面对推动区域经济社会发展产生重要影响。旅游创意园区的发展趋势和潜在旅游需求是衍生其旅游产品并影响其旅游产品结构调整的根本动因。因此，对旅游创意园区的特征进行研究具有重要的理论价值和现实意义。

1.3.1 旅游创意园区具有较高的文化性和体验性

文化旅游完全符合创意产业的特征，它注重文化的体验，以及一种文化氛围的营造[4]。旅游的六要素"食住行游购娱"都与文化创意产业紧密相连，可以让游客增长知识，增加阅历和体验，如独具特色的饮食、旅游文化演出，都能够让游客获得更高层次的艺术和文化享受。而各种创意和文化元素组成了旅游创意产业的各个部分，游客在旅游过程中，可以结合原本自身的知识积累，去理解旅游创意产品，是一种更高层次的旅游活动，从而获得自己独特的感悟和旅游体验。

1.3.2 旅游创意产业是一个不断变化且较为复杂的行业

旅游创意产业的各个组成部分都具有自身的特性，而各个组成部分都有着不确定性因素，在这个产业系统里，任何一个组成部分发生任何细小的变化，都将影响到整体。

1.3.3 在空间上相对自由，具有集聚的发展趋势

不同于传统意义上的旅游业，更多的是以旅游资源为导向，对地理位置具有较大的依赖性，而旅游创意园区相对来说比较自由，并不要求特定的地域，又由

于旅游创意园区在地域上具有集聚的特点，所以导致一些并不具有丰富资源，却满足集聚效应，旅游者较多的地区，特别是在有着丰富历史文化积淀的老城区或是一些城市的中心地带，成为旅游创意园区的集聚地。

1.3.4 与创意产业密不可分，具有高增值性

旅游创意园区对创意和文化是高度依赖的，它是创意园区在旅游业的传承。而另外旅游创意园区也具有高附加值的特点，因为它也是创意园区和旅游业融合的产物，自然继承了创意产业的这一特点，奇妙的创意与旅游业的发展结合起来，实现了"大旅游"的发展模式。

2 清明上河园的研究背景及意义

清明上河园作为旅游创意园区是一种现代的旅游目的地形态，自诞生以来对欧美国家城市旅游业的发展所产生的重要影响已得到广泛认识。在国内，一些旅游创意园区的成功开发和运作也已成为推动历史文化名城旅游业发展的有力动力，并有助于在城市原有旅游资源和产品结构的基础上进行再次整合和提升。旅游创意园区通过产业链的关联性，形成经济的乘数效应，对城市社会、经济、文化等方面产生明显的拉动作用，推动和影响区域可持续发展战略的实施。

通过对清明上河园的调查和研究，为开封地区的旅游业发展提供一些有益的启示，也对国内外各个旅游创意园区的可持续发展有一定的借鉴作用。

2.1 清明上河园的发展现状

从1991年起，开封市为了弘扬民族文化，同时也为了将《清明上河图》的经典发扬光大，经开封市人民政府、旅游局与海南置地集团公司合资建设以宋代文化为核心内涵的主题公园形式进行开发；1992年开始以张择端这一传世之作作为"施工图"进行主题公园建设。工程进度一波三折，1992年10月开工，1993年海南置地集团公司参与建设，到1994年年底，受国家投融资体制改革的影响，工程建设因缺乏资金而停工。1998年3月，开封市政府与海南置地集团公司达成了进一步合作开发建设清明上河园项目的协议。协议规定海南置地集团公司占55%的股份，开封市旅游局占45%的股份。最终在各方的共同努力下，该园于当年10月28日建成开业，真正地开始了其运行。在景区建设之前，就由罗吉编写出了《包公迎宾》《王员外招婿》《杨志卖刀》《包公巡案》等剧本，从1998年开园至今十多年间又编写了《汴河槽运》《水傀儡》等剧本几十部。这是让《清明上河图》"活"起来的平台，让许多游人"一朝步入画卷，一日梦回千年"，开园至今所创作的表演剧与策划的节目获得中外嘉宾的欢迎与好评[1,5,6]。

2003年景区开始策划建设清明上河园二期项目,在原有项目的基础上扩张规模,增加产品结构二期占地249亩,总投资2.6亿元人民币,建筑面积2.3万平方米;产品增加了古代娱乐项目和温泉疗养项目,将《清明上河图》向城内和皇家园林延伸,充分展现北宋东京汴梁城的繁荣与昌盛清明上河园从单一的观光型景区向休闲、观光、度假、娱乐为一体的旅游景区发展[7]。

2007年4月,景区开始策划并实施大型水上实景演出《大宋东京梦华》,项目聘请了嵩山《禅宗少林音乐大典》的总策划人、制作人梅帅元执导,由国内一流的剧目创作人员、舞美导演、灯光大师集体创作、编排。经过半年的努力,《大宋东京梦华》于2007年10月18日首次与观众见面,创造了中国旅游创意园区创编大型实景演出的速度和奇迹,在业界引起了巨大反响,实现了国内最大的古代娱乐再现景区,最大的仿宋代建筑群,最大的宋文化旅游创意园区,完成了从"名画"到"名园"的跨越发展[5]。

2.2 创意驱动下的清明上河园才能持续发展

旅游园区是旅游业的核心,而创意旅游是旅游园区的核心,园区可持续发展必须依赖创意,随着人们日益增长的精神需求,一成不变的旅游模式已经满足不了,只有不断引入创意,园区才能可持续良好发展。创意对旅游园区的必要性体现在以下几个方面。

2.2.1 旅游园区与创意产业的融合,是旅游业发展的必然方向

随着我国经济水平的不断提高,人们对旅游的消费转向了体验旅游、文化旅游、创意旅游等;旅游产业和创意产业融合,可以获得相互依存、相得益彰、共同繁荣的效果;因此,应将旅游产业置于创意产业的框架发展,大力发展旅游创意产业,旅游园区的发展将得到一个全面的提升过程。

旅游创意园区引领着社会经济和文化发展的潮流;与传统旅游产业相比,旅游创意园区具有更高的文化创意附加值与更大的利润空间,有利于提升传统旅游产业的影响力、带动力和竞争力,增强传统旅游产品的丰富度和吸引力。

2.2.2 清明上河园单一的观光型发展模式的转型必须依靠创意旅游

旅游创意园区具有较高的体验性和参与性,更加注重探究旅游者的潜在需求与深层次需求,进一步提升旅游活动和产品的体验性,为旅游者提供更为明显和强烈的感官刺激,因此,开封清明上河园要想可持续健康向上发展,需顺应休闲旅游、体验旅游的大趋势,必须依靠大力发展旅游创意产业。

2.2.3 创意产业有助于实现清明上河园的可持续发展

旅游创意园区科技含量高，文化附加值大，将是旅游业未来支柱之一，以创意旅游为动力，将各种文化资源与科技、创新、旅游规划相结合，实现创意与旅游产业的互动发展，才能实现开封清明上河园的可持续发展。

2.2.4 创意旅游可以促进清明上河园产业结构优化与产业发展

创意旅游可以催生出许多新景点、新产品和新服务，从而扩大产业市场需求；同时创意旅游与旅游产业的产业融合催生出新的产业价值链，如展览业、影视业、康体业、手工艺品制造业等与旅游产业相辅相成的产业。这促使旅游景区产品与服务结构升级，进而又带动旅游需求结构升级，从而拉动旅游创意园区结构升级。

3 清明上河园存在问题分析

3.1 园区功能定位不清

清明上河园在最初建造时，在遵循政府导向的政策下，园区建设中存在一定的盲目跟风现象，未能真正地把握开封当地的文化资源及目标市场的需求特点，缺乏自身的特质，园区特色不鲜明，在创意孵化、商业化开发等功能方面定位不清楚，公共资源的利用和优化程度不高，未能产生明显的集群效益。

3.2 服务平台不完善

旅游创意园区公共服务平台是针对入园企业的公共需求，通过组织整合、集成优化各类资源，提供可共享共用的基础设施、设备和信息资源共享的各类渠道，从而为园区的公共需求提供统一的辅助解决方案，达到减少重复投入、提高资源效率、加强信息共享的目的[7]。

通过对清明上河园的调研发现，目前融资难是困扰园区发展的最大问题。创意园区大多靠的是"智力+创意"，他们因为缺乏有效的实物抵押，而无法与金融机构合作并得到后者有效扶持。从法律保障方面来看，目前园区针对文化创意产业知识产权保护的法规体系尚未建立。整个产业还处在初级发展阶段，盗版、侵权等问题时有发生。此外，包括信息、人才培训、技术支撑、推广展示等平台也不完备。

3.3 高端创意及人才匮乏

清明上河园是根据《清明上河图》度身打造的旅游创意园区，其景区的创意大部分来自于《水浒传》等书籍中的片段，而关于这些创意，大部分人都很熟悉，虽然能让游客真正体会到"梁山好汉劫法场"等的感觉，但是并不能给游客带来第二次体验的欲望[6]。

旅游创意园区是头脑产业，源自个人创意、技巧及才华。没有创意人才，旅游创意园区的发展也就将成为无源之水。高端人才是文化创意产业发展的前提和基础，但从我国创意产业园区的发展现状来看，许多行业高端创意人才匮乏。清明上河园的工作人员大部分是学杂技出身的，他们有着过硬的身体条件与技巧，这些无不让人羡慕及佩服，但是他们展现给游客的高难度动作随处可见，给游客的直观感觉就是他们很不容易，这并不能给游客留下最难忘的记忆[7]。

3.4 赢利模式单一

一般来说，旅游园区的收入来源主要有门票收入、餐饮住宿收入、景区内的房地产开发、景区节庆活动的商业赞助、旅游纪念品的出售以及对景区内居民提供的公共服务等[7]。清明上河园作为一个宋文化民俗主题公园，其赢利模式只有这一种，园中没有什么大的购物商店，并且产品特色不突出，即使非常具有开封特色的汴绣，也是开封各个景区都有的，园中游客参与性项目开发不够。旅游的一个重要因素"吃"，清明上河园下的功夫是不够的，笔者在景区游览过程中，当咨询景区工作人员在哪里就餐比较有特色时，景区工作人员的回答很令人反思，他说景区内的饮食很一般，并且很贵，去景区外的餐馆相对比较实惠。这个工作人员很好心，但是作为一个旅游创意园区，确实应该反思一下应该如何经营一个具有宋代文化的主题公园！景区饭店的饭菜价格完全可以在现在的基础上下调，并且办出特色"清明园小吃"让旅游公司可以安排在景区用餐以增加收益。在桂林"乐满地"餐饮形式是很多样化的，有中餐、西餐，价格也从人均消费十几元至几十元不等，游客可以根据个人情况灵活选择。"住"[14]，在清明上河园的二期工程中，增加了旅游度假宾馆项目，关键问题在于不但要有设施，更重要的是要有吸引力，在景区内住宿特别有意思，能享受到其他酒店享受不到的乐趣。但是，清明上河园实际上忽略了这一项目的开发。

3.5 园区创意表现形式不够成熟

起初，清明上河园内的演出只能通过工作人员的介绍才会被广大游客所认知,受制于技术手段的限制,传播只能被限制在一个较小的范围内,影响较小、进入大众传媒时代之后,先进的传播技术和产业化手段的运用,将信息活动大量生产、复制和传播,园内的各种演出就可以在短时间内吸引更多的观众,产生了强大的"轰动效应"。从这个角度上讲,清明上河园景区文化的传播是一种利用现代传媒技术进行传播的群体性传播活动、人际传播。但是,清明上河园与宋文化紧密相连,游客在游园过程中对于各种不够成熟的表演的欣赏只停留在视觉享受,并没有真正感受到宋文化的渊博。

开封清明上河园景区文化的传播是宋代文化走出河南的重要组成部分,大众媒介在其传播活动中起着至关重要的作用,其中,以人际传播为模式的传播方式占据着主导地位,人际传播是个人与个人之间的信息传播活动,也是由两个个体系统相互连接组成新的信息传播系统、它是社会生活中最直观、最常见、最丰富的传播现象,在直接性的人际传播活动中,因为是面对面的直接交流,传播者不仅可以使用语言,而且能够运用表情、眼神、动作等多种渠道或手段来传达信息。在清明上河园中人际传播的体现并没有很具体、很到位,各种表演仅限于形式不够成熟,比如在好汉坡表演的"梁山好汉劫法场",表演者只是嬉闹地完成一个表演,并没有真正表现出梁山众弟兄对宋江的情谊与敬重。

3.6 游客停留时间短暂

清明上河园作为体验式旅游创意园区,其旅游项目虽然紧扣历史全面表现,但是园区的部分体验活动(比如大宋科举、沛河大战)并不够形象、逼真,且科技含量不够高[1],而其他大部分表演对于游客来说,只是沿途的风景,并没有让游客真正体验到清明上河园的特色创意。

但是景区内也不乏好的表演,比如"王员外招婿",这是一档景区内真正由游客参与的活动项目,游客积极性普遍较高,停留时间普遍较长。可是如此的现象,在清明上河园里可谓是凤毛麟角[6]。

4 加快清明上河园良好发展的对策

4.1 加快园区建设规划

旅游创意园区因其强大的生命力、良好的市场前景而发展迅速,但也不能忽视诸如一拥而上、盲目跟风,缺乏规划、仓促上马,旅游圈地、监督缺位,地产众多、园区城市化等问题。旅游创意园区的开发必须摒弃传统产业园区建设的思路,建设具有自身特色的创意园区[3]。

目前,开封清明上河园与其他国内外旅游创意园区重复建设现象严重,纵观全国各地的旅游创意园区，产业形态相似，盲目跟风建设，园区发展缺乏特色。因此，要在园区建设时加强规划，园区内业态的分布情况要符合文化创意企业的氛围，充分利用自身的历史文化资源，确定园区重点发展的行业，突出园区发展的文化主题。园区要以地域文化资源为依托，运用新思维、新主题、新体验，为既定的资源或艺术形式注入生机与活力，实现艺术体验与旅游资源的完美结合；要以创意而非现存的景观为基础，旅游活动经营者要以主动创设的某种观赏对象和娱乐样式为先导，借助传媒、演艺、文博、艺术、广告等手段和载体向旅游消费者提供旅游服务。将创意、体验转化为旅游吸引物是园区开发成功与否的关键，是园区向游客展示的最终结晶。

4.2 完善服务平台

旅游创意园区公共服务平台是针对入园游客的公共需求，通过组织整合、集成优化各类资源，提供可共享共用的基础设施、设备和信息资源共享的各类渠道，从而为园区的公共需求提供统一的辅助解决方案，达到减少重复投入、提高资源效率、加强信息共享的目的。同时也为游客避免了重复游玩、盲目游玩的行为，给游客提供贴心服务，这样有利于园区的建设和发展。因此，建议园区管理者充分认识相关配套服务对园区企业发展的重要性，建设完备的服务平台，具体包括咨询服务、中介服务、融资服务、知识产权保护服务、培训服务、交流展示服务等平台[3]。

在大众传媒时代，宋代历史文化的传播活动在进行小范围的组织传播的同时又为大众传媒提供了传播的"范本"，它能够利用大众传媒的"轰动效应"对整个社会产生影响，进而影响人们的认知和行为，除大众媒体传播之外，开封清明上河园中的"文化符号"、人与人之间的直接交流等共同影响着宋代历史文化的传播效果，这种多元的传播模式共同起作用，必将使开封清明上河园的历史文化主题更加鲜明，也进一步推动了以历史文化为核心的主题公园的良好发展。

4.3 培养高端创意人才

高端创意人才对于旅游创意园区的发展至关重要。旅游创意园区要利用当地的教育优势，与有条件的高校、职业院校合作，建立文化创意产业人才培养基地，加强紧缺创意人才的培养。同时要加强与海外的高等院校和科研机构的合作与交流，对海内外的高端创意人才提供一定的优惠条件吸引其回国。在园区内，应加强文化创意人才的培训，鼓励高校、职业院校、社会培训机构开展多层次、多类型的有关创意方面的专业培训。

4.4　赢利模式多样化

吃、住、行、游、购、娱作为旅游六大要素，是旅游者在旅游过程中必须要依赖的几个方面。作为主题公园，不仅要注意到景区门票的收入，更要深入挖掘其他方面的收入可能，例如表演、娱乐、特色服务等多方面的收入，提高主题公园的经济效益。

4.5　整合创意，提出解决方案

通过对中国部分景区的调研的资料，发现全国各旅游创意园区的发展水平参差不齐，园区服务标准还没有先例可以参照，服务标准化工作是旅游创意园区发展的内在需求。因此，建议加强对旅游创意园区标准化的研究，尤其是服务标准化的研究，尽快制定相关国家标准，从而帮助园区更好地规范服务行为，完善服务质量的考核，实现园区更好地发展。

在良好服务质量的基础上，整合现有的表演创意，通过对游客感官的调查，以及表演者本身的表演状态的研究，给出更好的创意和服务。

旅游创意园区不同于一般景区，它不仅注重于游客对景区的视觉享受，更注重于游客对景区各种表演的亲身体验，是一种体验式旅游。因此，建议在原有创意的基础上，再融合一些其他元素，比如艺术，更好地让游客进行全身心体验，给其留下深刻印象。

4.6　给游客提供特色服务

由于在地理位置、经济发展以及客源市场上，清明上河园都不占优势，在突出北宋文化特色的同时，只有在为游客提供的服务上着手，要提供其他旅游创意园区所没有提供的服务，比如 COSPLAY，这个词是近年刚刚兴起的，意思就是现实生活中的人扮演电视小说中的人物 SHOW，但是仅限于游客穿衣服摆 POSE 照相留念。如果清明上河园对所有游客提供这样的服务，相信会加大游客的停留时间，以及给游客留下深刻的印象。景区可以根据园内最高客流量来定制宋朝各个阶层的服装，宋朝的名人：著名词人的服饰（例如苏东坡），有名官员的服饰（例如寇准、杨家将），反映宋朝民情的著名小说人物服饰（例如《水浒传》人物）等[7]。

那时，游客进入景区内就不再会因为身边到处都是穿着现代服装的游客明白自己身处现代，而真的以为自己穿越时光回到了千年前的北宋并在其中扮演着这样或那样的一个角色，"一日身同千年"，不再是场梦了。服务是无形的，体验却是立体的，包括视觉、听觉、触觉，还有"情感共鸣"与其他类型的景区相比，参与性强是清明上河园的独特之处。

参考文献

[1] 辛欣，陈楠. 基于IPA方法的文化主题公园旅游项目优化研究——以开封清明上河园为例 [J]. 资源科学，2013，35（2）：321.

[2] 周钧，冯学钢. 创意旅游及其特征研究 [J]. 桂林旅游高等专科学校学报，2008，19（3）：394.

[3] 彭聪. 文化创意产业园区建设问题研究 [D]. 天津：天津商业大学，2012.

[4] 胡娟. 旅游创意产品研究——以旅游演艺为例 [D]. 安徽：安徽大学，2010.

[5] 胡春丽. 论文化旅游资源的深度开发——以清明上河园为例 [D]. 河南：河南大学，2011.

[6] 李梅. 清明上河园特色建设与长远发展 [J]. 合作经济与科技，2007，326：10-12.

[7] 张帆. 清明上河园的多元化传播模式 [J]. 新闻爱好者，2010，(2)：72.

Research on Development of Tourism Creative Park-in Qingming Grand-River Park as an Example

Zhang Wei

Abstract：Based on investigation on various aspects of the Qingming Grand-River Park, the author analyzes and explores the existing operating model of the park. Further exploration on the Culture and charm of Qingming Grand-River Park, combined with the existing theoretical knowledge and the development of metropolitan tourism Creative Park display the problems and deficiencies in the development of Qingming Grand-River Park. According to the rise and development experience, combined with the existing theoretical doctrine, theoretical basis and methodology on tourism and creative development of the park, some solutions and strategies have been put forward. The results is helpful in full and comprehensive understanding of emerging tourism creative park, in exploiting the advantages to the full combined with the culture of the scenic, in promoting various tourism and creative industries healthy and sustainable development at home and abroad.

Key words：Creative; creative tourism; tourism Creative Park; Qingming Grand-River Park

后 记

在上级的正确领导下，经过全体师生的共同努力，2015年5月，广东省特色专业——旅游管理专业顺利结项（粤教高函2015〔72〕），广东财经大学旅游管理专业建设从此开始进入新的阶段。

2014年年底，广东省教育厅教学成果培育项目"协同机制下三能两创导向的旅游管理类实践育人模式探索与实践"获得立项（2015粤高教函〔69〕）。一年多来，广东财经大学旅游管理特色专业建设团队不断努力，探索有广东特色的旅游高等教育模式，本书就是这些成果的结集，借此机会向同行及社会各界汇报。

广东财经大学（原广东商学院）旅游管理专业办学的历史最早可追溯到1986年开始招生的烹饪工程专业。1994年，广东财经大学旅游管理专业开始本科招生。2007年，广东财经大学旅游管理专业获得旅游管理专业硕士学位授予权。同年，获得广东省重点扶持学科建设项目资助。2010年，广东省教育厅立项资助广东财经大学开始建设旅游管理省级特色专业的建设，专业负责人先后为张河清博士/教授、方东教授，2013年6月以来，专业负责人为陈建斌博士/副教授。

广东财经大学旅游管理专业的建设取得今天的建设成绩，既有全体同仁的努力，也有各界的关爱。国家级旅游管理特色专业负责人马勇教授担任本专业客座教授。马勇教授、张捷教授、陆林教授，曾先后来我校讲学，有力地促进了我校专业建设。

自2013年6月地理与旅游学院成立以来，新的领导班子非常支持旅游管理专业的发展。2014年11月，地理与旅游学院成立了"广东省旅游管理特色专业成果选组织工作委员会"，由唐晓春、阎伍玖、陈建斌、张玲、胡林、陈玲、袁亚忠、李星等组成，二级教授唐晓春任组长。由组委会建议并通过由陈建斌、皮平凡、张玲组成编委会。

唐晓春教授对本书的框架及体例等提出了大量建设性的意见和建议。书中的英文摘要及关键词由陈建斌审校。

　　中山大学出版社吕肖剑编辑对本书的出版很热心，提供了专业的帮助，也提了一些中肯的建议，有利于本书的完善。

　　旅游管理人才培养与学术研究蓬勃发展，日新月异，新方法、新成果不断涌现，本书作为广东省特色专业建设的成果选，不足之处，在所难免，尚祈同行批评指正。

本书编委会
2016 年 3 月 15 日